70歳からの世界百カ国旅行

深尾 忠一郎

東京図書出版

まえがき

若い頃から旅が好きでした。「趣味は何ですか」と聞かれたら、「旅行でしょうか」と答えていたように記憶しています。学生時代から日本のあちこちを旅行し、47都道府県全部を回り終えていたのですが、定年後に縁あってＩＳＯ審査の仕事に携わる事になり、途中から非常勤嘱託という自由度の大きい勤務形態に移った事もあって、出張の行き帰りにあちこち回る事が出来て、二度目の47都道府県巡りを終えていました。

その頃から、ただあちこちを回るのではなく、何か目標を持って旅したいと考えるようになり、最初の目標を日本百名城巡りと設定しました。城には山城、平山城、平城とあって、山城に登るのには結構苦労しましたが、それでも２００５〜２００８年の４年程で回り終える事が出来ました。

次の目標は世界遺産百カ所巡りです。２００８年時点では日本の世界遺産14カ所を含めて、未だ48カ所しか回っていなかったので、格好の目標だと考えたわけです。それまでは海外旅行をしても世界遺産を意識する事はあまりなかったのですが、目標を持つと強く意識するようになり、２０１０年には百カ所に近付いていました。

新しい目標が必要です。世界百カ国巡りを３番目の目標にしました。２０１０年秋、丁度70

歳の時です。その時点で訪問した国の数は未だ33カ国でしたので、この目標達成は至難です。海外旅行には体力も必要ですから、年齢との競争にもなります。80歳までには回り終えたいと考えていました。

海外旅行は出張の時を除くと、各旅行会社が開催する添乗員付きの団体ツアーに参加する方法ばかりだったのですが、未だ行っていない国々を効率よく回るには団体ツアーは不向きな時もあり、自分が行きたい国々だけをピックアップ出来る個人旅行も織り交ぜました。個人旅行の場合は大きなスーツケースを持ち運ぶのは大変ですから、中型のリュックサックを背負ったバックパッカースタイルです。団体ツアーと違って神経を使いますが、昼夕食を自分で選べる等の楽しみがあります。

２０１８年８月にヨーロッパの小国（サンマリノ、モナコ、アンドラ）の個人旅行をやり、百カ国踏破を達成しました。78歳でしたから予定より２年早く達成した事になります。２０２０年初めに新型コロナウイルスが発生し、海外旅行が中断になりましたので、２年早く達成できたのは幸運だったと思っています。

世界地図に回り終えた所の印を付けてパソコンの壁紙にして楽しんでいます。30年以上書き続けているパソコン日記と旅行の都度書き残してきた記録や写真を基に『70歳からの世界百カ国旅行』としてまとめました。

70歳からの世界百カ国旅行 目次

中・東欧

旧ソ連の国々

中米 …… 146

南米 …… 160

アフリカ …… 170

中東

アジア …… 207

未だ見ぬ国々 …… 249

我がルーツを辿る旅

ハルピン

私は1939（昭和14）年11月18日に満州国哈爾濱市で生まれました。戸籍謄本には「昭和拾四年拾壱月拾八日満州国哈爾濱市地段街157号で出生」、「父深尾敬男届出同月弐拾八日同国駐在特命全権大使受付同年拾弐月弐拾五日送付入籍」と記載されています。当時両親はホテル住まいをしていたようで、地段街157号というのはそのホテルの住所のようです。哈爾濱市は現在中国の黒龍江省に属しておりハルビン市と命名されていますが、私にとっては子供の時から呼び慣れてきたロシア語由来のハルピンの方が懐かしいので、この文ではハルピンと記載しています。

ハルピンは北緯46度に位置する厳寒の地で冬は零下40℃にもなったようですが、ロシア国境に近く、ロシア正教会等もありロシア文化の香りが漂う洒落た国際都市だったようです。松花江という大きな川が市内を流れており、父母がその名前を懐かしそうに口にするのを時々聞いたものです。満州電電公社に勤務していた父の転勤に伴ってハルピン→大連→新京（現長春）

↓奉天（現瀋陽）と移り、奉天の北稜小学校で小学1年の1学期を終えた後の1946（昭和21）年夏に日本に引き揚げて来たという経緯です。

2004年9月に我がルーツを辿る旅を計画し、中国に詳しい勤務先の同僚を誘って大連↓旅順↓ハルピン↓長春↓瀋陽を回る中国旅行に出掛けました。旅の一番の目的は我が出世の地ハルピン市地段街の風景を見る事だったので、車で地段街を通ってもらい、車窓から出生したパラスホテルを探したのですがよく分からず、市内の博物館に展示されていた昔の地段街の写真を撮影して帰ってきた次第です。機会があればもう一度地段街探しに挑戦したいところです。宿泊したホテルから見えた早朝の松花江の風景や昼間訪れた松花江・スターリン公園には感慨深いものがありました。

大連と旅順

大連では大連港、星海公園（旧星が浦）、老虎灘等を訪ね

写真1　戦前のハルピン市街

ました。大連時代は老虎灘の日本人街に住んでいて、星が浦にはよく海水浴に出掛けた事、母が大連女高を卒業しており、日本との往復時に大連港を使った事等を聞いていましたので懐かしく感じていました。

大連駅近くのホテルに宿泊したのですが、この駅は何処か上野駅に似ています。満州時代に奉天（現瀋陽）の駅を東京駅に似せて作り、大連駅を上野駅に似せて作ったという事を後で知った次第です。

大連の近くにある旅順にも行ってみました。旅順の２０３高地は日露戦争の激戦地で、ロシア軍が構築した強固な堡塁指令所、乃木将軍が２０３高地を爾霊山《にれいさん》（２０３）と命名した碑、乃木将軍のご子息の戦士碑等が残っており、２０３高地の頂上からは旅順港を望む事が出来ます、ここから28サンチ砲でロシアの旅順艦隊を撃滅させた事になります。司馬遼太郎が小説『坂の上の雲』で描いた舞台です。『坂の上の雲』は以前に読んでいましたし、映画『二百三高地』も見ていたのですが、今回の旅行の前に『坂の上の雲』の２０３高地の部分は読み直していました。これは全くの偶然ですが、我々が２０３高地を訪れた２００４年9月19日は２０３高地総攻撃の日（１９０４年9月19日）から丁度百年目に当たる記念すべき日である事を中国語で書かれた説明看板から知りびっくりした次第です。旅順には乃木将軍とステッセル将軍が会見した水師営も残っています。長屋風の質素な建物で、中に入るとガランとした部屋に木のテーブルと長椅子が置かれています、両将軍はこの長椅子に座って会見したのでしょうか。

奉天

奉天にも行ってみました。奉天には小学校入学前後に2年間程住んでいたようで私にとっては満州生活の中で一番記憶に残っている場所です。2階建ての社宅に住んでいましたが、道路を挟んで直ぐ前に満州電電公社の独身寮があり、父の職場の若い人がよく訪ねて来て遊んでくれた思い出もあります。終戦後の昭和21年4月に奉天北稜小学校に入学したのですが、終戦直後の混乱で校舎がなく、晴れている日は絵を描く時に使う画板と称する板を使って屋外の広場で、雨の日は何処かの民家の2階を借りてそこで先生から話を聞くような状況だったと記憶しています。1学期を終えてからの夏休みに日本に引き揚げてきて、2学期から日本の学校に転校しました。私の世代の引揚者の中には、引き揚げに伴う就学日数不足で留年を余儀なくされた人も多いのですが、私の場合は夏休みに引き揚げてきたので留年する必要がなくて幸運だったと思っています。

奉天は現在瀋陽と名前を変えていますが、市の中心にある中山広場を取り囲むように、奉天時代の関東軍司令部、奉天警察署、奉天医大、奉天ヤマトホテル、横浜正金銀行等の建物が残っており、それぞれ名前と用途を変えて、例えば関東軍司令部は瀋陽商業銀行、奉天医大は中国医大一院として訪問当時も使われていました。東京駅を模して造られた瀋陽駅も外観は昔のままのようです。

瀋陽には世界遺産もひとつあります。清の前身である後金のヌルハチによって建造された宮殿で、清が都を北京に移してからも、王族の離宮として使われていた所で、敷地面積6万㎡という広大さです。北京の故宮と共に「北京と瀋陽の故宮」という名前で世界遺産に登録されています。

瀋陽ではもうひとつ強烈な印象を受けた場所があります。瀋陽駅近くにある九・一八事変博物館です。日中戦争勃発の因となった柳条湖事件の場所に建てられており、中国人にとっての屈辱的な事件が写真や遺留品を用いて紹介されています。博物館の屋外には日本軍が軍功を誇示するために建てた炸弾碑が中国人の手で倒されたまま残っており、その代わりに「勿忘〝九・一八〟(忘れる勿れ9・18)」の碑が建っています。同様の碑は長春の偽満皇宮博物館でも見ました。江沢民が首相の時、反日感情を煽り中国の団結力を高めるために考えられたプロパガンダです。複雑な日中関係を感じた旅でした。

エベレスト・トレッキング

きっかけ

話は遡って2000年11月になります。出張先の八戸で誘われるままにスナックに行きました。そこのママがカウンターの隣席にいた地元の馴染み客に、「私この前ヒマラヤに行って来たの」と写真を見せているのを覗き見しました。素晴らしい写真でした。ヒマラヤはかなりの山のベテランでないと行けないと思い込んでいましたので、目の前にいるごく普通の50歳前後の女性が行けたという事に驚くと共に、もしかしたら自分も行けるのではないかと思ったのがそもそものきっかけです。

以来この夢を温めて来ましたが、70歳を過ぎてそろそろタイムリミットと思った2010年秋に漸く実現した次第です。

前準備

先ず山専門の旅行会社を探してパンフレットを取り寄せました。ヒマラヤ旅行のプランはいろいろあるようですが、その中から一番魅力的な〝エベレスト・パノラマ・トレッキング（13日間）〟に的を絞りました。兎に角エベレストを間近に見たかったのです。

医師の健康診断証明書入手、ネパールのビザ取得、登山用品や一眼レフ用望遠レンズ取り揃え等の準備をしていよいよ出発です。

空路

今回はネパールのルクラ（標高２８００ｍ）から標高４２００ｍのタンポチェ付近の小ピークまで歩くコースですが、先ずカトマンズに行く必要があります。日本からカトマンズへのルートは2通りあって、北回りは中国の成都からチベットのラサ経由、南回りはタイのバンコック経由になっています。北回りは天気が良ければ機上からスークーニャン（四姑娘山）、ミニヤコンカ、チョーオユー、カンチェンジュンガ、ローチェ、エベレスト、アンナプルナ等のヒマラヤの山々を見る事が出来る〝ヒマラヤ越えフライト〟と呼ばれる人気ルートになっており、私もこのルートを選択しました。

飛行機がヒマラヤ上空にさしかかり山々が見えてくると、機内が騒然とし乗客がカメラを持って機内を移動し始めます。私は事前に飛行ルート図を調べて左窓の席を確保出来ていたので、写真撮影には好都合だったのですが、通路席の人の中には窓側席の人にカメラを預けて撮影を依頼する人もいました。私も2～3人の外国人から撮影を依頼されました。

一行

今回のツアー客は男性9名、女性9名の計18名だったのですが、サポート陣が、現地で合流して同行してくれたサポート隊の隊長1名、コック2名、キッチンヘルパー8名、シェルパ6名、ポーター5名と日本からのツアーガイド1名を加えての計23名で、他にヤク（牛）5頭、馬1頭が付く豪華なものです。寝袋等の重い荷物や朝昼夜3食の食材と燃料はポーターや牛、馬が運んでくれ、朝昼夜3食はコックとキッチンヘルパーが調理してくれるので、我々ツアー客は小さなデイバッグひとつを背負ってただひたすら歩くだけです。ちょっとした大名トレッキングです。ネパールの山村の人にとってはシェルパやポーターの仕事は貴重な雇用機会でもあるようです。

因みに、このサポート隊長はエベレストの頂上に10回近く登っているという超ベテランの山男ですが、彼から「エベレストの頂上付近には、遭難した人の死体が何体か転がっている」という話を聞きました。ヘリで麓まで下ろすには莫大な費用もかかるので、放置されている人も多いのでしょうか。もっとも、山男にとっては麓に下ろされるより山頂で眠っている方が幸せなのかも知れません。

トレッキング

カトマンズで1泊した後、小型機でルクラへ移動しいよいよトレッキング開始です。トレッキングは毎朝ロッジを7時過ぎに出発して、次のロッジに14時過ぎに着く日程で、昼食等の休憩時間を除くと1日に5時間強歩いている事になります。この日程を登り5日、下り2日の合計7日間続け、２８００m地点から４２００m地点までを往復したわけです。

エベレストには水平距離で20㎞まで近付き、

写真２　夕映えのエベレスト

長年憧れていたその雄姿を瞼に焼き付けました。望遠レンズで夕焼けや朝日に輝く頂上を撮る事も出来ました。

食 事

トレッキング中の3食は全てコックとキッチンヘルパーが作ってくれますが、日本人客のためにお粥、みそ汁、漬物、大根おろし、佃煮、梅干し、海苔等も用意して、腹八分目と量も適切にコントロールしてくれます。

それにしても7日×3食×41人（サポート隊含めて）＝約900食分の食材と調理用燃料を麓から運び上げる苦労は大変なものだと思いました。

高山病

私は以前ペルーのマチュピチュに行った際、途中のクスコで高山病に罹り、平地のリマに戻るまでの3日間に亘って下痢、微熱、食欲不振等の症状に悩まされた苦い経験がありました。

今回はその時以上の高度になりますので心配していたのですが、飛行機で一挙に高地へ移動した前回に比べて、トレッキングの場合はUP／DOWNを繰り返しながら徐々に高度を上げてゆくためか、ひどい状態にならずに済みました。〝水分を沢山摂る事、深呼吸をしながらゆっくり歩く事〟というガイドのアドバイスも有効だったと思います。

ただ、標高3900mのタンポチェのロッジでは、夜ベッドに横になった時に奇妙な息苦しさを感じ寝付けませんでした。〝横になると気道が狭くなり息苦しくなる事がある。そういう時は上体を起こして壁にもたれて寝ると良い〟と聞いていましたので、そういう姿勢で一晩切り抜けたのですが、壁にもたれた姿勢ではよく寝ることが出来ず、寝ているのか起きているのか分からない状態で朝を迎える有様でした。

無事帰着

7日間のトレッキングを終えて無事カトマンズのホテルに帰って来ました。何をおいても先ず入浴です。バスタブは7日間の汗と土埃で驚くほどの汚れでした。入浴後ツアー仲間と一緒にホテル近くの中華料理店に出掛けてビールで乾杯しながら食べた餃子と焼きそばの美味かった事。

今回のトレッキングは中級者向けのあまり無理のないコース設定、サポート隊の充分な支援、配慮の行き届いた食事等に加えて、幸いにも7日間好天に恵まれた事に負うところが大きかったと思っています。

個人的には毎朝の日課になっている犬を連れての近所の尾根道歩き（標高差30mくらいの尾

根ですが）とスクワットが体力確保に役立ったようです。

　この記録を書いている時に、80歳の三浦雄一郎氏が3度目のエベレスト登山に挑戦されるという報道に接しました、驚異的です。見習って元気に年を重ねたいと思っています。

世界遺産について

世界遺産は１９７８年の初登録以降毎年20～30件登録されており、２０２２年８月現在で１２００件程になっていいます。文化遺産、自然遺産、複合遺産に分類されていますが、見て回った２５０カ所弱の中から、印象に残った所を紹介させて頂きます。

アブシンベル神殿（文化遺産）

ヨーロッパ経由の旅でしたので、カイロ空港近くのホテルに1泊し、翌日早朝に事前に手配しておいた現地ガイドのナセルさんと落ち合って空路アブシンベルに向かいました。先ずはアブシンベル神殿観光です。この神殿はアスワンハイダム建設時に神殿が水没の危機にさらされ、ユネスコが国際キャンペーンにより救済した事で知られています。１９６４年から１９６８年にかけて、工事が行われ、大小ふたつの神殿をブロックに分割して、60m上の場所にそっくり移転する事に成功したものです。この救済事業がきっかけとなって、１９７２年に世界遺産条約が採択され、世界遺産の制度が生まれたのですから、世界遺産巡りをしている私にとってアブシンベル神殿は聖地のようなもので、今回漸く長年の夢が叶ったわけです。

アブシンベルに着き、大神殿と小神殿を見た時はすっかり感動しました。神殿入り口の壁には、ユネスコが移転工事を行った時の写真も飾ってあります。大神殿と小神殿共に背後に小高い丘を背負っているのですが、この丘も移転工事の一環として築かれた由です。神殿の中には3人の神と一緒にラムセス2世の像が並んだ至聖所があり、年に2回（ラムセス2世の誕生日と王に即位した日）、朝日が差し込んでこの像を照らすそうです。何とも手の込んだ神殿です。

神殿内部の壁には古代エジプト語の神聖文字（ヒエログリフ）が残っています。このヒエログリフはエジプトのロゼッタで発見され、現在はロンドンの大英博物館に展

写真3　アブシンベル神殿

示されているロゼッタストーンにギリシャ文字と並べて書かれている碑文により解読可能になった事で知られています。今回、ガイドをしてくれたナセルさんはカイロ大学で考古学と日本語を学んでいて、日本語に堪能な上にヒエログリフ文字も読めるようで、壁に描かれている碑文を丁寧に説明してくれました。

南米に行くとマチュピチュやティクワナク等のインカ時代の遺跡が残っていますが、インカ文化には文字がないので神秘のままです。エジプト文化はロゼッタストーン発見のお蔭で文字が解読出来て幸運だったと思います。

古代都市テーベ（文化遺産）

アブシンベル神殿を見た後、空路アスワンに飛びアスワンハイダムと切りかけのオベリスクを回った後、夕方ナイル川クルーズ船にチェックインしました。クルーズ旅行は旅行会社のパンフレット等でよく見ているのですが、経験するのは今回が初めてです。海洋クルーズと違って大きな豪華客船ではないのですが、バスタブ付きの広い部屋の窓からナイル川を眺めながらゆったりとした時間が流れます。ナセルさんと一緒にこの船で2泊し、途中コム・オンボで下船してコム・オンボ神殿、エドフで下船してホルス神殿等を見物しながらルクソールまで下ります。船の旅は、疲れたら部屋に戻ってベッドに横になったり、バスタブにお湯を張って入浴したりと寛ぐ事が出来ますし、屋上のデッキに上がって日光浴をしたり、コーヒーを飲みながら煙草を吸うことも出来て快適です。夕食後は船内でガラベーヤパーティーを楽しむ事も出来ました。船がルクソールに着く前日の夕方に水門を通りますが、ここでは船をプールに入れた後、水位を数メートル下げて水門を通過させます。以前パナマ運河で見た水位調整ほど大規模ではないのですが、基本的な原理は同じです。水位調整の様子を屋上デッキから興味深く見ていました。

いよいよルクソール到着です。ルクソールはかつてテーベと呼ばれていた王国の首都で、見所が沢山あり世界遺産にも登録されています。ナイル川を挟んで、東西に遺跡が残っており、東岸にはカルナック神殿やルクソール神殿等の〝生〟を象徴する遺跡、太陽の沈む西岸には王家の谷や葬祭殿等の〝死〟を象徴する遺跡が残っています。今回の旅では午前に西岸、午後に東岸を見て回りました。

西岸の王家の谷では広大な岩山のあちこちから多数の王家の墓が発掘されています。今回はその中のラムセス4世、ラムセス9世及びツタンカーメンの墓に入場しました。ツタンカーメンの墓はかの有名な黄金のマスクが発見された場所として知られています。他の墓にも多数の副葬品があった筈ですが、その殆どは盗掘されており、このツタンカーメンの副葬品だけが奇跡的に残っていたそうです。カイロの考古学博物館で見た黄金のマスクを思い出していました。

王家の谷にあるどの墓の壁面にも古代エジプトの神聖文字ヒエログリフで書かれた説明文が

残っており、保存状態が良くてしっかり読み取れます。土産品としてヒエログリフ文字を刺繍した衣類等も売られており、私も自分の名前を胸に刺繍したTシャツをナセルさんに頼んで記念に1枚購入しました。

王家の谷を見た後、ハルシェプスト女王葬祭殿に回ります。古代エジプト唯一の女性ファラオであるハルシェプスト女王が造営した葬祭殿で3層の整然とした建物です。

ここでは1997年にルクソール事件が発生し、外国人58人を含む62人が死亡したわけですが、現在でも警備には相当神経を使っているようです。

午後は東岸に移動し、先ずカルナック神殿を訪ねました。エジプトで最大規模の遺跡と言われる所で、高さ20m前後の巨柱が134本も並んでいる様は正に圧巻です。ここにもラムセス2世の巨像があります。ラムセス2世には余程の権力があったのでしょう。

次の訪問先はルクソール神殿です。ここはかつてはカルナック神殿と参道によって結ばれていた由で、今でも参道の一部が残っています。ここではナセルさんからいくつかの逸話を聞くことが出来ました。一つ目は、正面に立っていた2本のオベリスクの内の1本が何とパリのコンコルド広場に移されているという事、そういえば30年程前になりますがコンコルド広場に場違いな巨大オベリスクが立っているのを見た事を思い出していました。

二つ目はここにはどういうわけかイスラム教会が建っているのですが、これはかつて地面の下に神殿が埋まっている事に気付かずに、その上にイスラム教会を建ててしまった名残との事です。

三つ目は岩に刻まれたレリーフの上に一部フレスコ画が描かれている事です。これはアレキサンダー大王がこの地にやってきた紀元前330年頃に描かせたものだそうです。

イグアスの滝（自然遺産）

アルゼンチンとブラジルの国境を流れるイグアス川の沿岸約2200㎢の地域に大小275の滝が広がっており世界自然遺産の中でも屈指の規模です。2200㎢というのは東京都の面積より少し広く、大阪府や香川県の面積を大きく凌駕しています。

世界三大滝として、ビクトリアの滝やナイアガラの滝と並び称されますが、イグアスはその規模において群を抜いています。

写真4　イグアスの滝

滝の様子はアルゼンチン側とブラジル側の両方から見る事が出来ますが、今回は午前中に先ずアルゼンチン側からトロッコ電車で入りました。長さ2㎞に及ぶ広大な滝群を見ながら歩きます。途中でグランディアという小島や大きなトカゲを見る事も出来ます。

午後はブラジルに戻りブラジル側からイグアスの滝を見物します。見所は〝悪魔の喉笛〟と言われる所で展望台が設置されています。好天に恵まれ滝壺の虹を見る事も出来ました。この滝だけで毎秒7000tの水量があると言われています。

ダム開発、滝の観光化、違法な道路建設等により、1999年に危機遺産リストに登録されたのですが、環境改善が認められ、2001年に危機リストから脱しています。

エンジェルフォール（自然遺産）

南米ではエンジェルフォールとガラパゴス諸島も見逃す事が出来ません。かねて狙っていたところ、この両方を一度に訪問するツアーが見つかり参加する事にしました。2015年の事です。

エンジェルフォールはベネズエラのギアナ高地にある落差979mの滝です。世界三大滝と言われるイグアス、ビクトリア、ナイアガラ程の規模はないのですが、落差では世界最大で、ギアナ高地で沢山見かけるテーブルマウンテンと呼ばれるテーブル状の岩山から滝水が垂直に落下する様子は壮大なものがあります。ただ、かなりの奥地にあるため、この滝が見える所まで辿り着くのは結構大変です。

　今回のツアーでは成田からヒューストンを経由してベネズエラの首都カラカスに入り、ここで1泊後翌日プエルトオルダスを経由してギアナ高地の拠点になるカナイマに到着しました。

　予定ではホテルに直行してチェックインし、近くのサポの滝を見る事になっていたのですが、天気が良かったので、現地ガイドの勧めでセスナ機に乗ってギアナ高地上を遊覧飛行する事になりました。パイロットを含めて定員6人の小さな飛行機です。ギアナ高地の最高峰と言われるロライマ山と共にエンジェルフォールを空から見る事も出来ます。エンジェルフォールは天気の良い時には水量が少なく、水量の多い時は曇っていてよく見えないと言われていますが、

写真5　エンジェルフォール

この日は天気もまずまず、水量もそこそこという状態でした。

カナイマのロッジで1泊した後、翌日は4時に起床し、トラック↓ボート↓徒歩↓ボート↓徒歩↓ボートとボートに3回乗り換えて滝のあるラトンシート島へ向かいます。エンジェルフォールのあるラトンシート島に行くには20人程が乗れるボートで川を遡るのですが、川底が浅くてボートで通過できない所では、乗客はボートを降りて徒歩移動になり、船頭が空のボートを水深の深い所まで先回りさせるために、こういう複雑な移動方法になるわけです。島に着いて小休憩後、今度はジャングルの中を2時間程よじ登って漸く滝が眼前に見えるラメイ展望台に辿り着きます。ジャングルの中には毒を持った虫がいるので、素手で木や岩に触らないようにと注意されましたが、私は不用意にも手袋を持って来なかったので、急坂をよじ登るのに苦労しました。辿り着いた展望台から滝を眺めるのですが、この日は水量はそこそこ多かったものの、上空がやや曇っていて、到着した時には滝の上部が半分程見えませんでした。幸い約1時間後には3分の2程が見え、更に暫くするとほぼ全部を見る事が出来ました。水が約1000mを垂直に落下するために途中で霧状になり滝壺が形成されないようです。ただ実感としては、1000mという高さが感じられません。これは以前ドバイにある世界一高いバージュカリファ（828m）を眼前にした時の感じと似ています。1000mという水平距離と、これを高さに変えて見る時の感覚にはズレがあるようです。

カナイマではエンジェルフォールの他にホテル近くのサポの滝に行き、滝の裏側に回りました。大雨に濡れるので、水着に着替えるのですが、珍しい経験が出来ました。

ガラパゴス諸島（自然遺産）

エンジェルフォール観光の後、今度はガラパゴス諸島に移動します。飛行機でカナイマ↓プエルトオルダス↓カラカスと乗り継いでカラカスで1泊、翌日カラカスからコロンビアの首都ボコダを経由してエクアドルのグアタキルに飛び、ここで1泊、翌日約１０００㎞離れた太平洋上のバルトラ島に飛び、そこから更に船でガラパゴス諸島の中心であるサンタクルスに辿り着くという長旅です。

サンタクルス島では長靴に履き替えて農場に入り、待望のガラパゴスゾウガメを間近に見ました。観光写真等で見る全長1・5ｍ程の大きな亀です。「1ｍ以内には近づかないでくれ」という現地ガイドの指示に従うのですが、間近で見るので迫力満点です。この他に海辺ではガラパゴスウミイグアナ、ガラパゴスアシカ、ガラパゴスカモメ、ヨウガントカゲ、ヨウガンペンギン等を見る事が出来ました。

翌日はサンティアゴ島とバルトロメ島へのクルーズです。クルーズの途中でシャチの群れに出会い、洋上に飛び跳ねるシャチを見るという幸運に恵まれました。サンティアゴ島ではシュノーケリングも楽しみましたが、並走して泳いで来るガラパゴスペンギンを見たり、ヨウガントカゲを見たりと楽しい1日でした。ヨウガントカゲはオスは黒ですが、メスは綺麗な黄色をしています。

最終日はチャールズ・ダーウィン研究所を訪ねました。ここではゾウガメを繁殖させるために、子ガメを飼育しています。ゾウガメ激減対策としてサンディエゴ動物園から貰い受けたスーパーディエゴと命名されたゾウガメが、何と1000匹の子供を産んだという話も聞きました。ガラパゴスリクイグアナを間近に見る事もできます。イグアナはウミイグアナが黒色なのに対して、リクイグアナは綺麗な黄色です。

11日間の長旅を終えていよいよ帰国です。帰りはサンタクルス島↓バルトラ島へ、そこから空路でグアヤキル↓キト↓ヒューストン↓成田のルートで戻るのですが、この間ホテルでの宿泊はなく、機中と空港で過ごしました。サンタ

写真6　ガラパゴスゾウガメ

クルス島のFinch Bayホテルを出てから北鎌倉の自宅に戻るまでに何と42時間程かかった事になります。秘境に行くにはかなりの体力も必要で、後期高齢者になってもこういう旅行が出来るのを有難く思っていました。

ロス・グラシアレス氷河（自然遺産）

２０１９年には3回目の南米旅行に出掛けました。今回の旅行の最大のお目当てはロス・グラシアレス氷河見物です。この氷河見物の拠点になるカラファテの街に2泊し、船と展望台の両方からペリト・モレノ氷河の雄大な光景を間近で鑑賞しました。南極とグリーンランドに次ぐ面積の氷河だという事ですが、冬の最低気温が比較的高いので、氷の溶融と再氷結が短いサイクルで繰り返される結果、氷河の最先端部が轟音と共に湖に崩落する様子が見られます。私たちの鑑賞時にも崩落の瞬間が数回あったのですが、瞬間的な事象なのでシャッターチャンスを捉えるのに苦労します。氷河の上を歩く人やカヌーで氷河間近まで近づく人を遠望する事も出来ました、いろいろな楽しみ方を考えるものです。

ロス・グラシアレス氷河を見た翌朝、バスで国境を越えてチリのプエルト・ナタレスに向かいます。車窓からはコンドルが飛んでいるのが見えたり、グアナコの群れが牧草を食んでいる風景等も楽しめたりします。

パイネ国立公園に近づくと、ゴツゴツとした岩峰群が見えてきます。パイネを象徴する3本の岩峰であるトーレです。約1200万年前に地下から隆起した花崗岩の表面を覆っていた堆積岩が氷河によって取り除かれ、今のような姿になったと言われています。

今度の南米旅行ではアルゼンチンとチリにまたがるパタゴニア地方を満喫できたのですが、この他にもボリビアのウユニ湖で素晴らしい朝日と夕日を見る事が出来て、大満足で帰国しました。

ウルル、カタ・ジュタ国立公園（複合遺産）

別名エアーズロックと称されるオーストラリア中央部に位置する一枚岩で出来た山で、複合遺産に登録されています。複合遺産というのは、文化的価値と自然的価値を併せ持った遺産で、マチュピチュ、メテオラ修道院、カッパドキア等40カ所程が登録されていますが、日本にはありません。

ウルル、カタ・ジュタの場合は、4万～5万年前からこの土地で生活する先住民アボリジニの文化を残している事と、6億年前の地殻変動に

写真7　ロス・グラシアレス国立公園

よって海底の堆積層が隆起して周囲9㎞の一枚岩の山が形成されている自然が評価されたものです。含有鉄分が酸化して赤く見える岩肌が夕日に染まる様は実に綺麗です。

エアーズロックでは費用を抑えるためにアウトバックス・パイオニアロッジの4人部屋を予約しておいたのですが、部屋に入ってみると、8畳くらいの狭い部屋に2段ベッドがL字型に2組配置されており、ヨーロッパから来ている夫婦連れと中国から来ている中年の女性との相部屋になっています。ここで2泊するのですが、一人部屋にするのだったと後悔していました。

到着した日の午後は早速カタ・ジュタと呼ばれる岩群の見物とエアーズロックのサンセット見物です。天気が良かったので夕日に映えるエアーズロックの写真が綺麗に

写真8　エアーズロック

撮れました。ロッジに戻って共同シャワールームでシャワーを浴びた後、フィッシュボックスとビールで夕食を済ませてベッドに横になりました。

翌日は6時前に集合してエアーズロックのサンライズ鑑賞です。昨日のサンセット風景とは違った趣があります。この日はエアーズロックの周りを回り、山頂にも登る予定だったのですが、風が強くて登山禁止となりややガッカリです。麓の風はそれ程強くなかったのですが、山頂では麓の5倍もの風が吹いていて極めて危険という事のようです。

ロッジにもう1泊して翌日も5時起きして登山を狙ったのですが、やはり強風で登山禁止となり、残念な思いでエアーズロックを後にした次第です。なお、エアーズロックは先住民族アボリジニにとって神聖な場所という事で2019年10月から観光客は全面的に登山禁止となりましたので、この時が最後のチャンスだった事になります。

マチュピチュ（複合遺産）

南米には2009、2015、2019年の3回訪問しています。日本からは地球の裏側に位置する所で、アメリカの都市で乗り継ぐために最短でも24時間以上かかります。2回乗り継いで30時間以上かかった事もあります。ただし見所が沢山あるので、長旅を覚悟で出掛けるわけです。その中でマチュピチュについて書いてみます。

ブラジルとアルゼンチンを訪問した後、ペルーに向かいナスカでセスナ機から地上絵を眺めた後、翌日の早朝便でクスコに向かいます。クスコではアルマス広場に面したレストランで昼食を摂ったのですが、運良く祭りの日で民族衣装で着飾った地元の人の行進を見る事が出来ました。

ここまでは良かったのですが、その後クスコの街を歩いている途中から気分が悪くなり出しました。海岸に面した標高0mのリマから標高3400m程のクスコに飛行機で一気に上がったために高山病の兆候が出たようです。クスコのホテルに1泊して翌日列車でマチュピチュへ行き、一旦クスコのホテルに戻って、翌日は標高4335mのララヤ峠を越えてチチカカ湖を見た後リマに戻るという行程だったのですが、リマに戻るまでの3日間は頭痛、寒気、下痢に悩まされ、少量のパンとスープだけで食事を摂る有様でした。ただ高山病は普通の低地に戻ると嘘のように治ってしまうのが不思議です。リマに戻った夜は、いつもの通り一杯やりながら通常の料理を楽しんでいました。

マチュピチュはイグアスの滝と並ぶ今回の旅行のハイライトです。クスコから列車ビスタドームカーとバスを乗り継いで向かいます。マチュピチュはクスコに比べると1000m程低いのですが、それでも2400m程の高地にあり、空中都市と呼ばれています。15世紀前半にインカ帝国がスペイン軍に滅ぼされてインカの都市はことごとく破壊されたのですが、このマチュピチュだけはスペイン軍に見つかる事なくほぼ無傷のまま残されたようです。生憎の雨模様で背後のワイナピチュが少し霞んではいましたが、箱庭のような都市の跡を感慨深く眺めていました。多くの人が一度は行ってみたい所に挙げる理由が分かるような気がしました。

アウシュヴィッツ強制収容所（負の文化遺産）

世界遺産の中には、人類が犯した過ちを記憶にとどめ教訓とするための負の遺産があります。広島の原爆ドーム、ビキニ環礁等ですが、ポーランドのアウシュヴィッツ強制収容所を訪ねた時の強烈な印象は忘れられません。

クラフクからバスでアウシュヴィッツ強制収容所に着くと、入り口に〝ARBEIT MACHT FREI（働けば自由になる）〟という看板文字が見えます。強制的に連行されたユダヤ人がどんな思いでこの文字を見たのでしょうか。入り口付近で白い薄手のウィンドブレーカーを着た学生の一行を見かけたので、「何処から？」と聞きましたら「イスラエルから」との返事でした。ナチスドイツの残虐な行為を忘れないというユダヤ人の強い意思を感じました。収容所はアウシュヴィッツから２㎞程離れたビルケナウにもありその両方を訪ねましたが、いくつもの囚人棟の中は監禁室、鞭打ち台、移動絞首台、ガス室、遺体焼却炉等に仕切られており、旧監禁室に今は鞄の山や子供の靴の山が展示されています。ここで殺された人々の数は、28民族、１５０万人に上ると言われていますので、鞄や靴の数も膨大です。ビルケナウの第二アウシュヴィッツには鉄道線路も残っており、ラトビア、ベラルーシ、ギリシャ、イタリア、スペイン等欧州各地から多くのユダヤ人を列車で強制連行した様子が地図で示されています。

移動中のバスの中で添乗員が日本から持ってきた『戦場のピアニスト』という映画を映してくれました。非常に興味のある映画だったのですが、バスの中だと字幕がよく見えない箇所も多かったので、帰国後レンタルビデオ店でビデオを借りて見直しました。映画を観ながら、何故人間はこんなに残虐に出来ているのかと考えさせられていました。

日本の世界遺産

日本の世界遺産は２０２２年８月現在で25カ所です。イタリア、中国、ドイツが登録数でベ

写真９　アウシュヴィッツ強制収容所

スト３ですが、その他にもスペイン、フランス、インド、イギリス、ロシア、アメリカ等日本より多くの登録がされている国があり、日本は15位ぐらいだと思います。もっとも日本の世界遺産の多くには沢山の構成資産が含まれています。例えば、〝古都京都〟には上賀茂神社、下鴨神社、金閣寺、清水寺等17の社寺が含まれており、〝古都奈良〟には東大寺、春日大社、薬師寺等七つの社寺が含まれています。従って構成資産数からいえば日本の世界遺産はベスト３に入るかも知れません。

北から並べると、知床、縄文遺跡群、白神山地、平泉、日光、富岡製糸場、西洋美術館、小笠原諸島、富士山、白川郷、古都京都、古都奈良、法隆寺、百舌鳥古市古墳群、紀伊山地、姫路城、厳島神社、原爆ドーム、石見銀山、宗像沖ノ島、明治の産業革命遺産、潜伏キリシタン、琉球王国、屋久島、奄美大島です。

写真10　屋久島縄文杉

私は25カ所全てを訪問していますが、一番印象に残っているのは屋久島の縄文杉です。縄文杉のある山頂付近には無人の山小屋（高塚小屋）があり、そこに泊まると運が良ければ早朝朝日に輝く縄文杉を見る事が出来ると聞いて、1泊2日で登りました。屋久島は雨が多い所で1年365日雨が降っていると言われていますが、宿泊した翌朝は全く運の良い事に快晴に恵まれ、朝日に輝く縄文杉を堪能した次第です。

屋久島では高塚小屋での1泊を挟んで民宿で2泊したのですが、ここでのもてなしも忘れることが出来ません。民宿の近くの温泉で疲れを癒やした後、民宿の庭でバーベキュー料理を楽しむようになっているのですが、宿の女将さんが小さな子供をあやしながら一生懸命もてなしてくれ、屋久島にしては珍しく好天にも恵まれ良い思い出になりました。

北　欧

ノルウェー、スウェーデン、フィンランドのスカンジナビア3国とデンマークを合わせて北欧と呼ぶ事にします。この4カ国を2回（2001、2006年）に分けて訪問しました。

ノルウェー

ノルウェーではソグネフィヨルド観光が印象に残っています。ハンザ同盟の拠点都市だったベルゲンからベルゲン鉄道でミルダルへ向かいます、途中の車窓からはのどかな田園風景を楽しむ事が出来ます。ミルダルでフロム鉄道に乗り換えてフロムに向かう途中でショースの滝を見せてくれます。列車からホームに降りて眺めるのですが、神秘的な音楽が流れると遠くに見える岩陰から赤い服をまとった美女が現れる演出です。この美女は毎日何回も岩陰に隠れたり姿を現したりしているのでしょう。

フロムから船に乗っていよいよフィヨルド観光です。生憎の曇り空で今一つの眺めでしたが、氷河によって鋭く削り取られた断崖絶壁を眺めながら船がゆっくりと静かな湾を進んでいきます、時々カモメが餌を求めて追いかけてきます。この後フェリーに乗ってハルダンゲルフィヨルドにも行きました。フィヨルドはこの他にもニュージーランドのミルフォード・サウンドやチリ南部のパタゴニアでも見ましたが、スケールではソグネフィヨルドが一番のようです。

スウェーデン

スウェーデンではノーベル賞授与式会場として有名なストックホルム市庁舎が印象に残っています。小学生の時、京都大学の湯川秀樹博士が日本人初のノーベル賞を受賞された事を知り、強烈な憧れを抱くと共に自分の将来の進路を考える大きなキッカケになったのですが、市庁舎の内外を歩きながら過ぎ去った少年期を思い出していました。スウェーデンではこの他にドロットニングホルム宮殿やストックホルム発祥の地ガムラスタン等も訪れています。

フィンランド

首都ヘルシンキを中心に観光しました。ヘルシンキのシンボルはヘルシンキ大聖堂です。白壁に緑の屋根がついた美しい教会で、教会前の階段には大勢の観光客が寛いでいました。この後テンペリアウキオ教会に回りましたが、ここでは日本からやって来た合唱団が岩で囲まれた広場で合唱するという珍しい光景を見る事が出来ました。音響効果が素晴らしいのです。海外旅行の楽しみ方として面白いと思いました。

ヘルシンキの沖合にスオメンリンナ島があり、船で20分程で渡ることが出来ます。世界遺産にも登録されているという事で興味を持ち渡ってみました。小高い丘の上に立派な要塞が築かれており多数の砲台が並んでいますが、この砲台の向きがマチマチなのです。フィンランドはその歴史の過程で、ある時はデンマーク、ある時はスウェーデン、ある時はロシア統治下にあったために、その時々で敵の方向も異なっていたという歴史が窺えます。

フィンランドではこの他にムーミン谷博物館も訪問し、ムーミン漫画の世界にホッと一息入れた思い出もあります。

デンマーク

デンマークではコペンハーゲンとその近郊を訪ねています。コペンハーゲンといえばロイヤルコペンハーゲンブルーのコーヒーカップが有名で、その本店にも行ってみました。白地にブルーの模様が入った素晴らしいカップですが、高過ぎて手が出ませんでした。

コペンハーゲンの中心はニューハウンと呼ばれる観光用の船着き場やストロイエと呼ばれる世界的に有名な歩行者天国ですが、フレデリスクボー城、アマリエンボー城、クロンボー城等の古い城も行き届いた整備状態で保存されており、大勢の観光客で賑わっています。特にクロンボー城はシェイクスピアの小説『ハムレット』の舞台になった城で、世界遺産にも登録されています。私は『ハムレット』についてはその名前くらいしか知らないのですが、詳しい人にとっては見逃せない場所だろうと思います。

近郊のランゲリニェ埠頭にある人魚姫の像も見てきました。大勢の観光客が写真を撮っていましたが、想像していた程の物ではありません。ブリュッセルの小便小僧、シンガポールのマーライオンと共に世界三大がっかり名所に挙げられている理由が分かるような気がしていました。

西欧

西欧諸国の中、ドイツについては別の章で書きますので、ここではフランス、イギリス、イタリア、スペイン、ポルトガル、ベネルクス3国、スイス、オーストリア、ギリシャについて書いてみます。

フランス

◇パリ

パリには凱旋門、シャンゼリゼ通り、コンコルド広場、ルーブル美術館、オルセー美術館、ノートルダム大聖堂、エッフェル塔、オペラ座等多くの見所がセーヌ川を挟んで並んでおり、世界の観光客数で常にトップになっています。私も4回程行っていますが、地下鉄が発達していて一人でも自由に歩き回れるので便利です。

初めて訪問したのは1980年ですが、業界団体の視察旅行でフランクフルトから空路パリに到着した夜、仲間数人で世界的に有名なキャバレーであるムーラン・ルージュとリドの2軒を梯子しドリンクショーを楽しみました。翌日からの仕事を気にしながらの夜遊びでしたが、若い頃の元気さを懐かしく思い出しています。

この時には、仕事の合間をぬって凱旋門、シャンゼリゼ通り、コンコルド広場、ルーブル美術館、エッフェル塔、ノートルダム大聖堂等も見て回ったのですが、ハイライトはルーブル美術館です。モナリザを初めて見ましたが、それ程の人混みではなく、モナリザの模写をする人が一人頑張っているのが印象的でした。

ルーブル美術館は１９９４年にも訪問していますが、展示品が多くて未だほんの一部しか見ていないと思います。

ノートルダム大聖堂も見応えがありましたが、２０１９年４月に火災が発生して尖塔とその周辺の屋根が崩落するという残念な事故が発生しました。

写真11　ノートルダム大聖堂

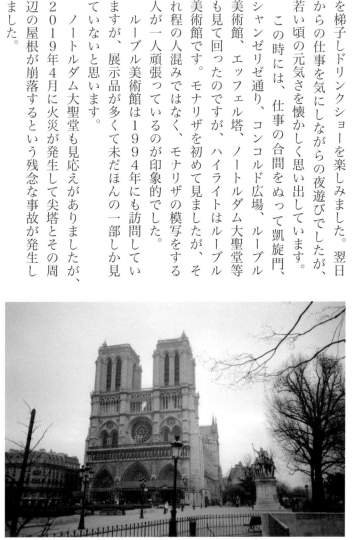

煙草の火の不始末とか電気系統のショートとかの説があるようですが、その後公式の原因特定に至ったのでしょうか。火災報知機は設置されていましたが、スプリンクラー等の自動消火設備は設置されていなかった由で、意外な感じがしています。

◇**ヴェルサイユ宮殿**

パリ郊外にあるヴェルサイユ宮殿も見事です。ルイ14世が〝有史以来最も豪華な宮殿を〟という一声で建設が始まり50年近くの歳月を費やして完成したと言われていますが、豪華な宮殿と共に庭園の素晴らしさも見所です。ただ、庭園は800ヘクタール強と広く、2〜3時間ではとても回り切れず、レンタサイクルも用意されています。

◇**モン・サン・ミシェル**

フランス北西部の大西洋に面した島にモン・サン・ミシェルという修道院があり、キリスト教の聖地として多くの巡礼者が訪れています。世界遺産にも登録されていて観光客で賑わっています。

私が訪れた2011年には本土から地続きの道（防波堤）があり、島というより半島といった感じだったのですが、その後この防波堤の為に潮流が堰きとめられて、周囲の海面が3ｍも上昇したため、2014年に防波堤が撤去され、江ノ島のように橋を渡って行く島に変わっているようです。

最初は8世紀初頭に小さな聖堂が建てられ、10世紀以降数世紀に亘って増改築を繰り返し、現存する建物は18世紀に復元されたもののようです。島の模型が10世紀↓11世紀↓18世紀の順に飾られていました。屋上に登ると周りの海を見渡す事も出来ます。

オムレツが名物になっており、薪を焚いてオムレツを作る店の写真がアルバムを飾っています。

イギリス

イギリスには出張を含めて3回行っていますが、いつもロンドンだけで、それ以外の所に行っていないのが心残りです。ロンドンの見所はウエストミンスター寺院、国会議事堂、バッ

写真12　モン・サン・ミシェル

キンガム宮殿、トラファルガー広場、タワーブリッジ、ロンドン塔、大英博物館等でしょうか。
2011年にパリからユーロスターに乗ってロンドンを訪れ、大英博物館を見学したり、テムズ川クルーズを楽しんだ事が思い出に残っています。

◇大英博物館

大英博物館について書いてみます。世界の三大美術館はルーブル、メトロポリタン、エルミタージュだと言われていますが、大英博物館は歴史的遺産という点で、これらに勝る収蔵品を保有しています。中にはパルテノン神殿の破風のように他国から収奪した物もあり、強盗博物館と揶揄される事もあるようです。

大英博物館の収蔵品のうち、一押しはロゼッタストーンだと思います。この石柱は紀元前200年頃にプトレマイオス5世が出した勅令を刻んだ文字らしいのですが、1799年にエジプトのロゼッタ近郊でフランス軍によって発見され、フランス軍がイギリス軍に降伏したためにロンドンに持ち込まれたようです。

碑文には古代エジプト語の神聖文字（ヒエログリフ）と民衆文字（デモティック）、ギリシャ文字の三種が並んで記録されており、解読の結果ヒエログリフを理解する事が可能になった由です。

2017年にエジプトのアブシンベル神殿を訪れた時、神殿の壁に刻まれているヒエログリフ文字の意味を現地ガイドに説明してもらった事は別章に書いた通りです。

もう一つの価値ある収蔵品はパルテノン神殿の破風です。19世紀にイギリスの外交官がパルテノン神殿から削り取り、当時のオスマン帝国セリム3世の許可を得て持ち帰ったと言われています。1994年にアテネでパルテノン神殿を見物した際に、神殿の破風を見て感激したのですが、あれはレプリカだったという事をこの時知りました。また、エジプトのギザにあるスフィンクスの髭も削り取られて大英博物館にあるようです。

同様の収奪遺跡をベルリンのペルガモン博物館でも見ました。紀元前180年頃に小アジアのペルガモン（現在のトルコ・ベルガマ）で建造されたゼウスの神殿が1864年にドイツ人に発見されドイツに持ち帰られたものです。そ

写真13　パルテノン神殿の破風（大英博物館）

の後第二次世界大戦でドイツが破れ、一時レニングラードに運び去られたのですが、1959年にドイツに返還されたのです。

パリのコンコルド広場に立っているオベリスクも元はエジプトのルクソール神殿にあったものという事は、別章に書きました。

このようにアフリカや中東にあった古代遺跡が英仏独等の強国に持ち去られた例は数多くあり、その一部は現在でも両国間で係争になっているようです。収奪した側は正式な外交ルートによる移譲と称し、収奪された側は軍事力による強奪と称しているのでしょう。

イタリア

イタリアは見所の多い国です。世界遺産の数も世界一で2022年現在で58カ所あります。日本の世界遺産が25カ所ですから2倍以上ある事になります。4回程訪れていますが、印象深い所を拾い上げてみました。

◇ローマ

ローマを訪れたのは1994年です。家内と一緒にツアーに参加しての訪問です。パリ経由でローマに22時頃着き、バスでホテルに向かう途中の街路灯が全てオレンジ色で統一されており、古都ローマに来たのだなと感慨に耽った事が記憶に残っています。日本の街路灯は殆どが白色蛍光灯ですが、オレンジ色の方が暖かさを感じます。それ以来我が家の照明も、門灯や玄関灯等を含めて順次オレンジ色に変更し、今では全てオレンジ色のLEDになっています。市が設置してくれている門前の街路灯が白色LEDなのが残念ですが。

ローマの見所はコロッセオ、トレヴィの泉、スペイン階段等沢山ありますが、やはりコロッセオが圧巻です。大分壊れてはいますが、今でも堂々たる威容です。パルティーノの丘の下に広がるチルコ・マッシモと呼ばれる円形競技場にも興味を惹かれました。映画『ベン・ハー』で観た戦車競技を思い出していました。

写真14　コロッセオ

◇フィレンツェ

フィレンツェも素晴らしい街です。ドゥオーモ、洗礼堂、ジョットの鐘楼等を見た後、300m程離れた所にあるシニョリーア広場に回りました。ここにはダヴィデ像のコピー等多数の彫刻が飾られており、まるで屋外美術館の趣です。広場を囲うようにヴェッキオ宮とウッフィッイ美術館があり、1時間近く並んでウッフィッイ美術館にも入場し、メディチ家の財力を結集したルネッサンス美術を鑑賞する事が出来ました。最後にミケランジェロ広場に行きフィレンツェ市街を一望しましたが、ドゥオーモやジョットの鐘楼がよく見えました。

フィレンツェは2018年にサンマリノに行く時にも再訪しています。シニョリーア広場の彫刻の位置が少し変わったなという事以外は24年前と殆ど同じ状態で、史跡保存への配慮を感じた次第です。

◇シチリア島と南イタリア

2016年の1月にシチリア島と南イタリアの旅に出ました。我が家では私と家内は別々の旅行先を選ぶことが多くて、一緒に行くのは3回に1回くらいなのですが、この時は両方の希望が合致して一緒に申し込んでいました。ところが出発日の前日になって、家内の風邪が悪化し、遂にキャンセルせざるを得ない事態になったのです。ニューヨークに駐在している息子一家が久しぶりに帰国し北鎌倉の我が家にも年末から年始にかけて滞在していたのですが、その時孫娘2人からアメリカ土産に貰った風邪が原因です。久しぶりの一緒の旅行で楽しみにしていたのですが、残念ながら一人参加になってしまいました。

ツアーに参加してみると、参加人員は26名で、夫婦連れが10組20人、男の仲間連れが1組2人、親子3人組が1組で、一人参加は私だけです。最初のうちは昼食や夕食会場で私の座る席をどうしようかと添乗員にも気を遣わせたのですが、日が経つにつれて「ご一緒にどうぞ」と声をかけてくれる人も増えてきました。印象に残った所を少し書いてみます。

◇ポンペイの遺跡

ポンペイは以前から一度行きたいと思っていた所です。1世紀にヴェスヴィオ火山が大噴火し、一瞬にして死の灰に閉ざされた町です。ヴェスヴィオ山は今は標高1300m程の山ですが、度重なる噴火により頂上が450m程低くなったと言われていますので、かつては1750m程の山だったのでしょう。遺跡の中を歩いてみると、高さが10mを超すような門が沢山あります。16世紀末に発見されるまでは、この全てが火山灰で覆われていたのですから、降り注いだ火山灰の量の膨大さは想像を絶するもの

写真15　ポンペイ遺跡

があります。広場を中心に市場、神殿、市庁舎の他、野外劇場、公共浴場、娼館、給水施設等の遺構が見つかっています。丁度同じ頃にローマのコロッセオが建設されていますが、この頃ローマには既に相当高いレベルの文化が存在していた事になります。

◇シチリア島のカサーレ

イタリア本土のナポリから夜行のフェリーでシチリア島に移動しました。シチリア島は古代ギリシャ人、ローマ人、アラブ人等多くの民族に支配されてきた地中海文明の十字路と言われている所で、多くの遺跡が世界遺産に登録されています。パレルモやアグリジェンドを観た後、カサーレの別荘跡を訪れました。古代ローマ皇帝の別荘跡で3～4世紀に建てられたようですが、床面に描かれたモザイクが綺麗に残っています。その中に〝10人の乙女の部屋〟というのがあり、ビキニ姿の女性が球技をやっているモザイクにはびっくりしました。現在のビキニ姿と殆ど同じです。女性のビキニ姿というのは現代に始まったのではないのですね。逆に言うと人間の考える事は昔も今もたいして変わっていないのでしょうか。

◇シチリア島のシラクーサ

シラクーサには天国の石切り場という遺跡が残っており、世界遺産にも登録されています。この石切り場に入って行く入り口は大きな岩を切り開いた〝ディオニュシオスの耳〟という切通しになっていて、音響効果の素晴らしい所です。現地ガイドが「ここで『オー・ソレ・ミオ』を歌うと良いですよ」と誘ってくれたところ、ツアー客の中にオペラのソプラノ歌手がいる事を添乗員が知っていて、彼女が指名されました。ボローニャでオペラの勉強をした経験があり、今もオペラ公演によく出演するという40歳前後の女性でしたが、イタリア語で見事なソプラノを聞かせてくれ、現地ガイドも予想外のハプニングにびっくりしていました。

◇シチリア島のタオルミーナ

タオルミーナはシチリア島で最も知られたリゾート地で、海に面した高台に大きなギリシャ劇場が残っています。

このギリシャ劇場で世界遺産にも登録さ

写真16　タオルミーナのギリシャ劇場

れているエトナ山を遠望しながら、添乗員の提案で、全員が『オー・ソレ・ミオ』を合唱したのですが、この旅行ではイタリア民謡を聴いたり歌ったりと大変楽しい旅になりました。

なお、タオルミーナでは2017年に先進国首脳会議（サミット）が開催され、日本から安倍首相が出席しています。

◇アマルフィー海岸

ツアー最後の訪問地はアマルフィー海岸でした。幸運にも好天に恵まれて素晴らしい海岸風景を楽しんだ後、この日は昼食がフリーだったので、親しくなった3夫婦の仲間に入れてもらって7人で添乗員が紹介してくれたレストランに行き、赤ワインとイタリア料理で大変盛り上がりました。この内1夫婦はシラクーサでソプラノの美声を聞かせてくれた女性とそのご主人です。今回の旅行は前にも書いた通り一人参加だったので、当初はやや寂しい思いもしたのですが、愉快な仲間と知り合ったお蔭で大変楽しい思い出に残る旅になりました。

◇鎌倉での再会

この3夫婦が旅行中に私が住んでいる鎌倉に行きたいと言い出したのです。3夫婦共東京や神奈川に住んでいて、鎌倉はよく知っているのですが、旅の思い出を語り合いたいというのでしょうか。勿論、「いつでもどうぞ。良いレストランを予約しておきます」と答えました。という事で帰国後手紙やメールで連絡を取り合って、4月中旬に来鎌となりました。

ソプラノ歌手のご主人は仕事の関係で来られなかったので、総勢5人の来鎌です。あいにくの小雨だったので、予定を変更して、先ず拙宅に案内して1時間程雑談した後、予約しておいた北鎌倉駅近くのイタリアンレストランに出掛けて、家内も参加して7人で赤ワインを飲みながらイタリア料理で盛り上がりました。アマルフィー海岸での昼食会の再現です。

その後、東慶寺→改装された鶴岡八幡宮の段葛→流鏑馬見物→川喜多映画博物館で開催されている原節子展見物と進めて、小町通りをぶらり歩きした後16時過ぎに再会を約束して解散しました。

朝のうちの雨も午後には止み、雨上がりの美しい新緑の鎌倉を楽しんでもらえたと思っています。旅仲間との再会は滅多にないのですが、こういう機会も海外旅行の楽しみのひとつだと思います。

◇ピサの斜塔

2018年にヨーロッパの小国（サンマリノ、モナコ、アンドラ）を個人旅行で回った際、ついでに今まで行ってなかったピサ、ベネツィア、ミラノを回って来ました。

フィレンツェから観光バスでピサに到着しました。ピサの斜塔は一度見てみたいと思っていたのですが、今にも倒れそうな塔を眼前にすると確かに迫力があります。倒壊を防ぐ工事が長期に亘って続けられ、２００１年12月から再公開されたようですが、よく持ちこたえていると感心しながら眺めていました。２５０段程あるらせん階段を登って屋上まで行く事が出来ましたが、一度に登れる人数を制限していて事前予約が必要です。らせん階段の１階の踊り場も注意深く見ると傾いています。建物だけでなく地面全体が傾いている事が分かります。

◇ベネツィア

サンマリノを見た後、バスと列車を乗り継いでベネツィアのサンタルチア駅に到着しました。駅からタクシーでホテルに行こうと考えていたのですが、この街には水上タクシーはあるものの陸上のタクシーはありません。街の中心部は無数の運河で結ばれていて、タクシーが走れるような広い道路がないのです。どうしたものかとキョロキョロしていたら、手押し車を引いたホテルのポーターのような人が近づいて来て、「何処へ行くのか」「そのホテルなら〇〇ユーロ」と言うわけです。少しぼられているなと思ったので、値段交渉をした後、頼む事にしました。ポーターが手押し車にスーツケースを積んでスタスタ歩く後をこちらもスタスタ歩くわけです。ＵＰ／ＤＯＷＮのある橋をいくつか越えて20分程かけてホテルに到着しました。狭い運河に面した小さなホテルです。運河を観光用のゴンドラがゆっくり動いています。

１泊した翌日にリアルト橋の袂からヴァヴォットと呼ばれる船に乗って運河を巡り、外海経由でサンマルコまで行ってみました。到着後サンマルコ広場や鐘楼登りをし昼食を摂った後、ホテルに戻ろうとしたのですが、細い道が入り組んでいて地図を見ても分からないので、何人かの人に教えてもらいながらやっとの思いでホテルに辿り着くという苦労もしました。ホテルカードを持ち歩くようにはしているのですが、小さなホテルの事は地元の人も知らないようです。

ベネツィアからの帰りもサンタルチア駅からの列車だったのですが、今度はホテルから自分でスーツケースを引っ張ってリアルト橋まで歩き、そこからヴァヴォットで行く方法をとりました。慣れてくるといろいろな手段が分かってくるものです。

帰国後暫くしてからベネツィアの街が高潮に襲われて、サンマルコ広場等が膝上まで浸かっている風景をテレビで見ました。海に面した海抜の低い街の宿命です。

◇ミラノ

ベネツィアを後にして列車でミラノに向かいミラノ中央駅に到着しました。ここでのお目当てはサンタ・マリア・デッレ・グラツィエ教会に飾られている「最後の晩餐」を見る事です。

ミラノに到着した翌日の朝8時45分の入場券を持っていたので、余裕を見てホテルを7時30分に出てタクシーで教会に向かいました。小さな教会ですがクーポラが建てられています。その教会の食堂だった所に「最後の晩餐」が飾られています。レオナルド・ダ・ヴィンチが当時（1498年に完成）の常識を覆してフレスコ画とは異なる手法で描いた作品と言われていますが、傷みがひどいために修復には20年以上かかったようです。「最後の晩餐」が飾られている真向かいの壁にはジョバンニ・ドナート・モントルファーノ作の「キリストの磔刑」が飾られていてこちらも見ごたえのある絵です。

ミラノでは「最後の晩餐」しか意識していなかったのですが、街のシンボルになっているドゥオーモを見る事も出来ました。１３５本もの尖塔を持った立派な大聖堂です。屋上にも登ってみましたが、尖塔が並んでいる景観は見応えがあります。また、ミラノにはパリのオペラ座、ブエノスアイレスのコロン劇場と並んで世界三大オペラ座と言われるスカラ座があります。パリのオペラ座に比べると地味な外観ですが内部は豪華なようです。

写真17　サンタ・マリア・デッレ・グラツィエ教会の「最後の晩餐」

スペイン

２００９年11月にスペインとポルトガルを回りました。スペインも世界遺産の多い所で、２０２２年現在49カ所あり、イタリア（58）、中国（56）、ドイツ（51）に次いで世界第４位の多さです。

◇アントニ・ガウディの作品群

建築家アントニ・ガウディが設計した建築物群（サグラダ・ファミリア、グエル公園、グエル邸、カサ・ミラ、カサ・バトリョ等）がバルセロナにあり世界遺産に登録されていますが、サグラダ・ファミリアが代表的です。

サグラダ・ファミリアはカトリック団体が贖罪教会として１８８２年に着工したものですが、１００年以上経過した現在も建設中という珍し

写真18　サグラダ・ファミリア

い遺産です。

私は2018年にアンドフに行く際に再訪したのですが、ファサードと呼ばれる尖塔の数が少し増えている感じでした。完成時には18本になるようです。

その当時の情報では、観光客増による収入増や3DプリンターやCNC加工機等の最新のIT技術導入で工期が早まり、アントニ・ガウディの没後100年になる2026年に完成予定と報じられていました。

ところが、新型コロナの影響による観光客の減少もあり、2026年完成はほぼ不可能という情報もあります。完成したらもう一度訪れてみたいのですが、それまで元気でいられるかが問題です。

◇マドリッド

首都マドリッドでは、プラド美術館、ソフィア王妃芸術センター、スペイン広場のドン・キホーテとサンチョ・パンサ像等を見た後、スペインに留学中のT嬢と昼食会場で落ち合いました。T嬢は家内が高校で教鞭を執っていた時の教え子です。ツアー途中の昼食時間だけの短い時間でしたが、快活に話すT嬢の元気な様子に家内も安心したようです。

◇アルハンブラ宮殿

マドリッドを後にし、トレドとコルドバを経由してグラナダに到着しアルハンブラ宮殿を訪れました。8世紀にイスラム教徒がイベリア半島全域を支配下に置いた後、キリスト教徒によるレコンキスタ（国土回復運動）が15世紀まで続き、15世紀末にイスラム最後の拠点グラナダを中心とするアンダルシアが陥落、イベリア半島全域がキリスト教徒の支配下になった歴史的地点です。ギターの名曲『アルハンブラの思い出』を浮かべながら、ユーモア溢れるガイドの説明を聞いていました。ライオンの中庭が見所ですが、修復中のため12頭全部は揃っていませんでした。

グラナダを見た後セビリアに向かう途中でハプニングがありました。バスに戻ろうとしたらドアが故障していてバスに乗れないのです。代わりのバスが到着するまでの約1時間を外で立ち往生し、ホテルに21時30分頃着いたのですが、今度はバスの修理が長引いており、荷物が届かないのです。夜中の1時30分頃にやっと荷物が届いたのですが、それまではベッドに潜って仮眠するだけでした。

ポルトガル

ポルトガルは南蛮船の種子島への漂着、鉄砲伝来、フランシスコ・ザビエルによるキリスト教布教等を通じて日本に馴染みの深い国で、現在でも友好国の一つです。

リスボンのジェロニモス修道院とベレンの塔が世界遺産に登録されていて、この両方を訪問しましたが、ベレンの塔と隣接して建てられている発見のモニュメントが印象に残っています。ヴァスコ・ダ・ガマを中心とした大航海時代の栄光を伝える記念碑で船の形をした巨大な建物です。その近くの路上に日本地図も描かれており、〝1541〟という年号も描かれていました。1541年7月にポルトガル船が現在の大分県神宮寺浦に漂着したのが、日本への最初の上陸である事を示しています。

リスボンを後にして帰国の途についたのですが、最終日の夕食後巨大なクリスマスツリーを見る事が出来ました。高さ50mにも及ぶ巨大なツリーです。11月の中旬という時期で運が良かったと思っています。

オランダ

2012年3月末にベネルクス3国に出掛けました。見所が多く一度行きたいと考えていた所です。比較的小さくまとまっている地域なので成田とアムステルダムの往復以外はバスで移動出来ます。オランダ↓ベルギー↓ルクセンブルク↓ベルギー↓オランダの経路で移動しました。

オランダでは先ずハーグのマウリッツハイス王立美術館を訪れました。4月から美術館の工事が始まり閉館になる直前の貴重なタイミングでした。ここにはフェルメールの有名な「真珠の耳飾りの少女」や「デルフトの眺望」が展示されており、レンブラントの画もあります。「真珠の耳飾りの少女」は閉館になると日本に貸し出されるようで、日本を出る時にその報に接していました。館内は撮影禁止なので、写真は撮れなかったのですが、しっかり目に焼き付けました。美術館の裏手にはオランダ政治の中枢であるビネンホフ（国会議事堂）が池に面して建っています。政治の中心は首都アムステルダムではなくハーグになっているのです。

次の訪問先はデルフトで、ここではデルフト工房を見学しました。白地に深いデルフトブルーで知られるデルフト焼きを作っています。折角だからと思い、オランダ名物の風車が描かれた小皿を1枚買い求めましたが、手作りのものは結構な値段です。デルフトの中心はマルクト広場で、広場近くにはゴシック様式の新教会が聳え、運河を挟んで旧教会も見えます。

デルフトを見た後は、お目当てのキンデルダイク風車群の観光です。この地域は海抜より低くしばしば洪水に見舞われるので、排水用として18世紀後半に建造されたのですが、今でも観光用に19基程残っており、守人が住んでいる風車もあるようです。出来るだけ沢山の風車を1枚の写真に収めようと思い、あちこち歩き回って10基程を1枚に収めた写真を撮る事が出来ました。

ベルギーとルクセンブルクを回った後、再びオランダに戻って来ました。今度はオランダの東側をマーストリヒ↓フェンローと移動しアムステルダムに向かうコースです。

フェンローでは４月５日から「フロリアード２０１２」という10年に一度開催される世界一の園芸博覧会が開幕していて、その２日目に入場する事が出来ました。会場には世界各国からの庭園が展示されており、日本庭園も出展されています。園内に設置されたロープウェイに乗ってそれらを見下ろす事も出来ましたが、訪問した４月初めは未だ春先のため、華やかさは今ひとつでした。博覧会の期間は10月までの半年間なので５～６月になると素晴らしい光景が見られるのでしょう。

フロリアードを見た後、ゴッホの森にある国立クレラー・ミュラー美術館を訪問し、「アル

写真19　キンデルダイク風車群

ルのはね橋」、「自画像」、「夜のカフェテラス」、「じゃがいもを食べる人」等沢山のゴッホの画を見ました。今度のツアーでは、この後アムステルダムのファン・ゴッホ美術館で「黄色い家」等を見、国立博物館ではフェルメールの「窓辺で手紙を読む女」や「牛乳を注ぐ女」等やレンブラントの「夜警」、「若き日の自画像」等を見る事も出来ました。オランダはゴッホ、フェルメール、レンブラント等著名な画家を沢山輩出しており、彼らの有名な画を身近に見る事が出来るのは羨ましい限りです。オランダが絵画の宝庫である事が、今回の旅行でよく分かりました。

次の訪問地はキューケンホフ公園です。森のような広大な公園の中にチューリップを中心とした多くの花が咲き誇っています。公園の外側の田園にも見渡す限りのチューリップ畑が広がっていて、チューリップ栽培がオランダの一大産業になっている様子が窺えます。園内を回りながら、チューリップには実に多くの種類があるのだという事をこの時初めて知りました。

ツアーの最終日はアムステルダムの運河地区巡りです。透明なアクリルの屋根で覆われた100人乗りくらいの観光船に乗って運河を巡ります。ゴッホの画に出て来るアルルのはね橋に似た跳橋も見えます。観光船から見る5～6階建ての建物が密着して建っているアムステルダムの街並みは見事なのですが、何だかどの家も少し傾いているように見えます。以前、阪神・淡路大震災で友人の家が傾いた際に、その友人が「ほんの少しの傾きなのに、中にいると気持ち悪くなる」と言っていた事を思い出していました。アムステルダムの運河沿いに住んでいる人は傾きに慣れてしまっているのでしょうか。

ベルギー

オランダでの1回目の観光を終えた後、ベルギーに入り、アントワープ↓ブルージュ↓ゲント↓ブリュッセルと移動しました。

アントワープではノートルダム大聖堂を見ましたが、ここは『フランダースの犬』の舞台でもあり、この物語の説明文が聖堂内に日本語で掲示されているのには驚きました。

ブルージュは旧市街全体が世界遺産に登録されている美しい街です。街の中心のマルクト広場には高さ83mの鐘楼が建っており、366段の階段を上った最上部から赤い屋根の街並みを眺める事が出来ました。この街には運河も多く、小舟に乗って運河巡りをする事も出来ます。また、運河沿いにはベギン会修道院もあり、静かな広い庭の中に13世紀に建てられた沢山の修道院が残っています。現在はベネディクト会の修道女がひっそりと暮らしているそうです。

ゲントはベルギー有数の工業都市ですが、有名な「神秘の仔羊」の画が保存されている聖バーフ教会もあり、観光都市としても賑わっています。

ベルギー最後の訪問地は首都ブリュッセルです。ここには周囲を華麗な建物で囲まれたグランプラスと呼ばれる広場があります。グランプラスは文豪ビクトル・ユーゴが世界で最も美しい広場と称賛したとかで、世界遺産にも登録されています。2年に一度開催されるイベントでは広場一面にフラワーカーペットが敷き詰められるそうで、訪問した2012年はその年に当たっているようですが、残念ながら4月初めでは未だ早かったようです。グランプラスの近くには有名な小便小僧が立っていますが、そこから少し歩いた所には小便小娘がしゃがんでいる像も飾ってあります。こちらはちょっとした悪戯心です。ブリュッセルにはアールヌーヴォーの父と言われる建築家ヴィクトール・オルタが設計した建物が4棟あり、世界遺産に登録されています。是非見たかったので、自由時間を利用してタクシーで往復しました。時間の関係で内部を見る事は出来なかったのですが、4棟の内2棟の外観をカメラに収める事が出来ました。スペインのバルセロナにあるアントニ・ガウディの建築のようなユニークさはありませんが、茶色を基調にした落ち着いた建物です。

ルクセンブルク

ルクセンブルクは神奈川県と同じくらいの広さに人口約48万人が住んでいる小国家で、永世中立を宣言しています。国家元首はN・ヴァイルブルグ家が世襲し、内閣と共に行政権も執行する世界唯一の大公国です。しかし高度に発達した先進工業国で一人当たりのGDPは世界一だそうです。鉄鋼や化学のような重工業が中心だったのですが、最近は金融業にシフトしており、情報産業への進出も盛んなようです。首都のルクセンブルク市はペトリュス渓谷の上部に広がる世界遺産に登録された旧市街とグルンド（GROUND）と呼ばれる下の新市街から構成されていて、無料のエレベーターが二つの地区を結んでいます。私たちはミニトレインに乗って英語のガイドを聞きながら旧市街を一周しました。英語のガイドがよく聞き取れなかったのは残念です。大公が執務しているという大公営も見ましたが、こぢんまりした建物の門の前で銃を担いだ警備員が規則正しい往復歩行を続けていました。

スイス

◇マッターホルン

スイスのマッターホルンを訪ねた時は素晴らしい仲間に出会う事が出来ました。２００５年にイタリア北部のマジョーレ湖やコモ湖を見た後、シンプロン峠を越えてスイスに入りツェルマットに到着、ここで山小屋風のホテルに3泊しました。ツェルマットはマッターホルン見物の拠点になっている街ですが、環境への配慮から市内では化石燃料車が禁じられており、電気自動車が観光客の荷物等を運んでくれます。市内の建物は全て木造で、綺麗な花で飾られた出窓が目に入ります。

夕食後レストランの出口で夕日に輝くマッターホルンを見た時は大感激しました。翌朝は早起きして教会奥の橋の所まで歩き、朝日に輝くマッターホルンをカメラに収めました。

　2日目は登山電車でマッターホルンのゴルナーグラート展望台に登る日です。快晴に恵まれて素晴らしい風景を堪能し、帰りは家内と2人で歩いてリュッヘルベルクまで下りましたが、途中で沼に映る逆さマッターホルンを見たり、ホテルで用意してくれたおにぎりの昼食を山腹で食べたりとゆっくりした時間を過ごす事が出来ました。

写真20　マッターホルン

　翌日はコースを変えて、登山電車とロープウェイを乗り継いでクライン・マッターホルン展望台まで登り、そこからの360度パノラマを見る趣向です。天気が良かったので、遠くにモンブランやユングフラウを見る事も出来ました。この展望台はヨーロッパ最高地点の展望台で3883mの高度にあるため、氷河が間近に見えたり、スキーを楽しむ人を見かけたりします。

その後はフリータイムでしたが、ツアー客の内、有志4夫婦8人が意気投合しシュバルゼーパラダイスに行く事になりました。到着したパラダイスでマッターホルンを眼前に見ながらビールで乾杯して昼食を摂りましたが、気の合う仲間とのフリータイムだったので、今回の旅行が一段と楽しい思い出になりました。この仲間とはその後も年賀状のやり取りをしています。皆様それぞれ海外旅行を楽しんでいるようです。

ツェルマットではフリータイムを利用して山岳博物館を訪ねました。マッターホルン初登頂を達成し、その記録を『アルプス登攀記』に著したウィンパーを記念する博物館です。小さな山小屋風の建物ですが、中にはマッターホルンの模型が作られており、ウィンパー隊が使ったピッケルやザイルの実物が展示されています。ウィンパー隊は7人で初登頂に成功した後、下山途中でザイルが切れてザイルの下側にいた4人が滑落死したのですが、その様子がよく分かります。ウィンパー自身は切れたザイルの上側にいたので助かったようで、後に『アルプス登攀記』を執筆する事が出来たわけです。

私はこの『アルプス登攀記』を以前に読んだ事があり、今回の旅行前にも読み直していましたので、展示内容から事故の背景等がよく理解できました。

◇モンブラン

モンブランも素晴らしい山です。マッターホルン、ユングフラウと共にヨーロッパ三大名峰と言われています。フランスとイタリアの国境に位置する山ですが、スイスからも比較的簡単に行くことが出来て、ヨーロッパアルプス・ツアーではマッターホルンと組み合わせたコース設定になっているケースが多いようです。

今回もツェルマットからイタリアのアオスタを経由し、モンブラントンネルを抜けてモンブランの麓のシャモニーに到着しました。シャモニーからロープウェイでエギュイ・デュ・ミディ展望台まで行き、更にゴンドラに乗って空中散歩をしながらエルブロンネ展望台まで行きます。エギュイ・デュ・ミディ展望台は高度３７７７m、エルブロンネ展望台は高度３４６６mの所にありますので、高山病の症状が出る人もいて、家内も苦しそうな顔をしていましたが、展望、特にエルブロンネ展望台からの３６０度パノラマの風景は見事です。快晴に恵まれていましたので、眼前にモンブラン、グランドジョラス、セルビン等が見え、遠くにはモンテローザもしっかり見る事が出来ました。モンブラン麓の氷河を歩いているグループも見えます。

この時はシャモニーから登山電車でメール・ド・グラス（氷の海）にも行きました。氷河の横腹を掘って中を見せるのですが、青白い氷壁が見事です。地球温暖化の影響でこのメール・ド・グラスもどんどん解けて来るようで、２~３年毎により上の方に新しいメール・ド・グラスを掘っている様子も見えました。

◇ユングフラウ

２０１１年にユングフラウを訪れました。インターラーケンから列車でグリンデルバルトまで行き、更に登山電車に乗ってユングフラウヨッホに向かいます。登山電車がユングフラウヨッホに近付くと、アイガー、メンヒ、ユングフラウ等の山が見えて来ます。特に有名なアイガーの北壁には感動しました。終点のスフィンクス展望台からは世界遺産に登録されているアレッチ氷河やアイガーの北壁を間近に見る事も出来て大満足の旅になりました。天気に恵まれたのが何よりです。

オーストリア

◇ウィーン美術史美術館

オーストリアの話に移ります。オーストリ

写真21　アレッチ氷河

アの首都ウィーンにはウィーンの象徴であるシュテファン寺院を始めとして国立オペラ座、ウィーンコンサートホール、ヨハン・シュトラウスの像のある公園等があり、近郊にはシェーンブルン宮殿やベルヴェデーレ宮殿もありますが、ここではウィーン美術史美術館について書いてみます。ウィーン美術史美術館は私のお気に入りの美術館で2回訪問しています。

ブリューゲルの「バベルの塔」、「雪中の狩人」、「農民の結婚式」等に惹かれますが、この他にもラファエロの「草原の聖母」やベラスケスの「バラ色の服の王女マルガリータ」等も展示されており、市の中心部にあり気軽に入れるので短時間でも楽しむ事が出来ます。シュテファン寺院を見て、歩行者天国を歩いた後1～2時間立ち寄るには最適です。

◇ハルシュタット

ザルツブルクでミラブル公園やモーツァルトの生家を見た後、バスで1時間程の所にあるザルツカンマグート観光に出掛け、ヴォルフガング湖クルーズを楽しみハルシュタットに上陸しました。ハルシュタットは世界で一番美しい湖岸の街と言われていますが、噂通りの美しい街です。紀元前3000年頃に岩塩が採掘された所で今でも山の上には採掘場跡が残っているようですが、それはともかく、湖岸に面した街の風景が素晴らしいのです。

世界の各地を訪問すると美しい風景を持った街に出会う事が多く、スイスのツェルマット、トルコのイスタンブール、アメリカのグランド・ティトン、クロアチアのドブロヴニク、モンテネグロのコトル、オーストラリアのシドニー等を挙げる事が出来ますが、この中でもハルシュタットが一番だと思っています。

ギリシャ

ギリシャは地理的には南欧に位置するのですが、ここでは西欧に含めて書いています。

ギリシャを初めて訪問したのは1994年です。この時はフィレンツェ↓バチカン↓ローマを経由してアテネに入りアテネ市内とエーゲ海クルーズを楽しみました。その後2017年に再訪し、メテオラとデルフィ遺跡を訪ねています。

◇アテネ

ギリシャ文明が姿を現したのは紀元前8世紀

写真22　ハルシュタット

でローマ建国とほぼ同じ頃です。ギリシャ人は各地にポリスと呼ばれる都市国家を建てましたが、代表的なポリスがアテネとスパルタです。ポリスの中心にはアクロポリスと呼ばれる小高い丘があり、その上には城塞や神殿が建っています。アテネにはパルテノン神殿が建っていますが、初めて見た時の感激は忘れる事が出来ません。パルテノン神殿の上部にある三角部分は破風と呼ばれますが、そこには大きな彫刻像が置かれており、その一部を見る事も出来ました。後年ロンドンの大英博物館を訪れた際、パルテノン神殿の破風にあった彫刻像が展示されており、こちらが本物でパルテノン神殿にあるのはレプリカだと聞かされビックリした事がありますす。イギリスは正式な外交交渉によりギリシャから譲り受けたと言っているようですが、ギリシャ人にとっては割り切れない思いでしょう。アクロポリスの麓にはアゴラと呼ばれる広場があり、野外音楽堂や大劇場等の跡が残っています。石の建造物は2500年程経っても残っており、木の文化の日本人から見ると羨ましい限りです。

アテネではオリンピックスタジアムにも行ってみました。クーベルタンにより1896年に第1回近代オリンピックが開催された折に建設されたスタジアムで入り口には第1回のアテネ大会から1992年のバルセロナ大会までの開催都市を刻んだ記念碑が建っています。1964年東京大会の文字を懐かしく見ていました。

◇**エーゲ海クルーズ**

エーゲ海クルーズも良い思い出です。朝アテネ港を出発し、エギナ島、ポロウ島、イドラ島を回って夜アテネ港に戻ってくる日帰りのクルージングです。快晴に恵まれて波静かなサロニカ湾を船が滑るように進んでゆきます。途中立ち寄る三つの島で神殿の遺跡を見たり、土産物屋に寄ったりするのですが、船内でもギリシャショーが上演され食事を摂りながらショーを楽しむ事も出来ます。また、夕焼けやアテネ市の夜景も綺麗でした。同行のツアー客の中には船の甲板でスケッチをしている人もいました。私はこの時イドラ島で革のショルダーバッグを買ったのですが、手頃な大きさで使い勝手が良いので、大分古びてしまいましたが25年経った今でも国内外旅行に持ち歩いています。

◇**メテオラ修道院**

２０１７年３月にギリシャ↓エジプト↓マルタを回る旅に出掛けたのですが、その際ギリシャではメテオラ修道院、オシオス・ルカス修道院、デルフィ遺跡等を回って来ました。いずれも世界遺産に登録されている名所です。オシオス・ルカス修道院はあまり印象に残らなかったのですが、デルフィ遺跡とメテオラ修道院は見応えがありました。

デルフィ遺跡は紀元前6世紀頃に栄えた古代都市で、アポロン神殿跡、古代劇場、競技場、アテネ人の宝庫等が山の中腹に残っています。アテネ人の宝庫というのは、マラトンの戦いでアテネの市民軍がペルシャ軍に勝利した感謝の印として、アポロンの神に捧げた宝庫という事になっています。この時、勝利を伝えるべく一人の兵士がマラトンからアテネまで全力で走り、「我ら勝てり」と告げた後、息絶えたという伝説が有名で、オリンピックのマラソン競技誕生につながっています。デルフィ遺跡のあるマラトンからアテネまでは直線距離で180㎞程ありますから、よく走り抜いたと思います。

デルフィを見た後、夕方メテオラ修道院のある町カランバカのホテルにチェックインしました。部屋に入って窓のカーテンを開けると、目の前にメテオラの奇岩が広がっており、その頂上には有名なメガロ・メテオラ修道院が見えるという素晴らしい

写真23　メテオラ修道院

眺めです。この眺望をカメラに収め、入浴して一息入れた後、町を歩いて夕食のレストランを探したのですが、簡単なカフェは沢山あるのにレストランが見つからず、かれこれ1時間ほど歩き回りました。この辺の人はカフェでコーヒーやビールを飲みながら友人と談笑する程度で、レストランで夕食を摂る人は少ないのでしょうか。

翌日9時に専用車の出迎えを受けて、日本語が少し話せるガイド付きのメテオラ観光に出掛けました。メテオラは岩山への上り下りが大変と聞いていたのですが、専用車のお蔭であまり歩く必要もなく、いくつかの修道院を見て回ることが出来ました。20世紀初頭までは岩山に階段も梯子もなく生活物資を運ぶ手段も滑車につるした網袋だけだったようですが、今は道路も整備され、車で移動する事も出来ます。このため修道院の超俗さが当初より薄くなっているとも言えます。

中・東欧

ヨーロッパ北部に位置するポーランドからチェコやスロバキア等を経てバルカン半島のマケドニアやアルバニアに至る地域を中欧と呼び、その東側のルーマニアやブルガリア等を東欧と呼ぶようですが、この地域には3回程旅しています。バルカン半島諸国から始めて、ルーマニア、ブルガリア、ポーランド、チェコ、ハンガリーの順に書いてみます。

バルカン半島はヨーロッパの火薬庫と言われ、昔から民族間の紛争が絶えない地域です。ここに位置する6カ国（マケドニア、セルビア、ボスニア・ヘルツェゴビナ、クロアチア、スロベニア、モンテネグロ）は第二次世界大戦中の1943年にユーゴスラビア社会主義連邦共和国として統合されましたが、多民族・多宗教が混在し、七つの国境、六つの共和国、五つの民族、四つの言語、三つの宗教、二つの文字と数え歌のように言われる複雑な国でした。

チトー大統領がそのカリスマ性で辛うじて統治していたのですが、彼の死後1992年に元の共和国に分解しています。文化的史跡も多く、アドリア海に面した風光明媚な所も沢山あります。

この地域を2012年にツアーでマケドニア↓アルバニア↓モンテネグロ↓クロアチア↓ボスニア・ヘルツェゴビナ↓セルビアの順に回り、2014年には個人旅行でコソボとスロベニアを回って来ました。

マケドニア（現北マケドニア）

ウィーンで乗り継いでマケドニアのスコピエ空港に深夜に到着しました。ここはマザーテレサの出生地として有名で、彼女はカトリック教会の修道女として修道会を創立し、貧しい人々のために活動した功績が認められ、1979年にノーベル平和賞を受賞しています。スコピエ市内にあるマザーテレサ記念館を訪ねましたが、館内にはノーベル賞の賞状や彼女の写真が備品類と共に展示されています。

もうひとつマケドニアで有名なのはオフリド湖です。オフリド湖は600万年前に出来たと言われるヨーロッパ最古の湖で、最大水深288m、平均水深155mの真っ青な湖です。世界複合遺産にも登録されています。湖畔には数多くの教会が残っていますが、有名なのは聖ヨハネ・カミオ教会で、湖をバックにしたこの教会の写真は旅行のパンフレット等によく使われています。教会の写真を撮ったり、ボートでミニクルーズを楽しんだりしました。

私が訪問した当時の国名はマケドニアでしたが、旧マケドニア王国を自国の栄光の歴史として誇りに思っているギリシャが長年に亘って異を唱えており、2019年になって北マケドニアと国名変更する事で両国が合意した経緯があります。

アルバニア

次の訪問地はアルバニアです。アルバニアはバルカン半島に位置していますがユーゴスラビアには含まれていなかった唯一の国です。マケドニアからバスで移動したのですが、首都ティラナにはティラナ・マザーテレサ国際空港があります。マザーテレサがアルバニア人だったという事で名付けられたようですが、マザーテレサはあちこちで国の誇りになっているようです。

アルバニアではベラートを訪問しました。ここには小高い山の斜面にへばりつくように南側を向いた沢山の職人の住居が並んで建っており、光を効率的に取り入れるように窓は開口部が大きく取られています。オスマン帝国時代の建造物で〝千の窓の街〟として世界遺産にも登録されています。

アルバニアではこの他に、移動中のバスの車窓から数多くのトーチカを見ました。分厚いコンクリートの丸屋根で銃眼以外は殆ど窓の開いていない構造物です。第二次世界大戦後に独裁政治を行ったエンヴェルが国中に70万個も作らせたようですが、非常に頑丈なために撤去もままならず、今でも畑の真ん中に点々と残っています。かつては敵の攻撃を防ぐ重要な拠点だったのでしょう。

モンテネグロ

アルバニアを後にしてバスはアドリア海沿いにモンテネグロを走り、クロアチアへ向かいます。モンテネグロではコトルの街に寄りました。小高い山がコトル湾を抱え込むように位置しています。山に登ると世界一美しいと言われるコトル湾の絶景が見えると思い、添乗員の教会の説明を中座して山に登りました。アドリア海をクルーズする豪華客船も入港していました。私の他にも同行の若いカップルが登って来ました。私と同じように、添乗員の説明を聞くより山からの絶景を楽しみたいと思ったのでしょう。

クロアチア

クロアチアは元々ハンガリー王国の一員で、オスマントルコの文明圏にあったセルビアとは関係が薄い所です。ハプスブルク帝国の一員であったスロベニアに次いでいち早くユーゴスラビアからの独立を果たしています。

首都はザグレブですが、有名なのは観光地ドブロヴニクです。クロアチアは旧ユーゴスラビア時代に外貨の70%を稼いでいた優等生共和国だったようですが、その中心がこのドブロヴニクです。

　ドブロヴニクは15～16世紀にはベネツィアと並ぶ貿易都市として栄えたのですが、1991年からのクロアチア独立戦争では旧ユーゴ連邦軍からの攻撃で旧市街が大きな被害を受け、一時は世界危機遺産に登録されたようです。終戦後市民による修復作業が進み今の景観を取り戻し、〝アドリア海の真珠〟と呼ばれる世界有数の観光都市になっています。目の前のロクルム島の周りをミニクルーズしたり、ケーブルカーで背後のスルジ山に登って旧市街をカメラに収めたり、旧市街を取り囲む城壁を一周したりと、一通り楽しんだ後、アドリア海に面した岸淵に建つレストランで一休みしました。丁度日本からヒッチハイクの一人旅で来ているという若い

写真24　ドブロヴニク

男性と同席になり、ビールを飲み交わしながら小一時間雑談しました。勤め先に長期休暇を申し込んで、バルカン半島を回っているようで、「貧乏旅行です」と言っていましたが楽しそうでした。若い頃にこういう経験をした事のない私には非常に眩しいような感じがしていました。旧市街にあるフランシスコ修道院にはヨーロッパで三番目に古いという薬局があります。ここでは家内に頼まれていた化粧水や薬を買い求めました。

ボスニア・ヘルツェゴビナ

次の訪問国はボスニア・ヘルツェゴビナです。先ずモスタルを訪ねましたが、ここはネルトヴァ川を挟んだ両岸をスタリーモストと呼ぶ橋で繋いでおり、この橋を中心に栄えた町のよう

写真25　スタリーモスト

です。川岸に下りてスタリーモストを見上げていたら、橋の上から30～40ｍあるかと思う川に向かってダイビングする男を見かけ急いでシャッターを切りました。観光客からお金を集めてショービジネスをやっているようです。この町もボスニア・ヘルツェゴビナ紛争時には旧ユーゴ連邦軍の攻撃を受けたようで、破壊された建物がそのままの形で残っているのが印象的です。

モスタルを後にしてサラエボに向かう途中にネルトヴァ川に架かる鉄橋が破壊されている光景を見ました。この鉄橋は旧ユーゴスラビア人民解放軍を指揮して枢軸軍と戦ったチトーが枢軸軍の侵攻を防ぐ為に爆破した由で、今でも爆破された鉄橋と侵入を阻止された貨物列車が残されています。

サラエボに着き、一泊した後市内を見て回りました。サラエボはボスニア・ヘルツェゴビナの首都ですが、いくつかの事件やイベントで有名です。一つ目は市内のラテン橋で１９１４年６月にボスニアを統治していたオーストリア・ハンガリー帝国のフランツ・フェルディナント皇太子夫妻がセルビア人に狙撃され、これが第一次世界大戦のきっかけになった事。二つ目は１９８４年に冬季五輪の開催地になった事。三つ目は五輪後わずか７年の１９９１年にボスニア・ヘルツェゴビナ共和国が旧ユーゴ連邦からの独立を目指し、これを阻止しようとするセルビア軍との間で泥沼の戦争に突き進んだ事です。セルビアの爆撃を受けた旧市庁舎が国立図書館として復元される工事が進んでいました。多民族・多宗教が交じり合う街らしく、イスラム、カトリック、東方正教の寺院が隣接して建っているのも印象的です。

セルビア

最後の訪問国はセルビアです。セルビアではシロゴイノ村に行き200年前の民家を見た後、モクラゴラからシャルガンスカ・エイト鉄道に乗ってシャルガンヴィタシまで往復しました。この鉄道は起伏の激しい地域を走るため、エイト鉄道という名前の通り8の字を描いて上り下りします。車中でスロベニアから来たという13歳前後の修学旅行生に会い、楽しくふざけていました。

翌日は首都ベオグラードの観光です。ベオグラードは旧ユーゴスラビア社会主義連邦共和国の首都でしたが、チトー大統領の死後1992年に元の共和国に分解した後はセルビアの首都になっています。

チトー大統領の墓地記念館にも行きましたが、彼の葬儀（国葬）にはソ連や中国を含む全世界の119カ国から要人が参列しています。米ソ冷戦時代に中立政策をとって生き延びたチトーに対する政治的配慮だったのでしょう。国葬への参加国が地図で示されていましたが、何故か韓国だけが不参加だったのは不思議です。

ベオグラードの市内を移動中にバスの窓から、NATO軍によって爆撃された政府の建物が見えました。もう少しよく見たかったので、1時間程あった自由時間を利用して地図を頼りにその地点まで徒歩で往復してみました。破壊されたままの状態で放置されており、激戦地ベオグラードを象徴するような光景でした。

コソボ

コソボは2008年2月にセルビアからの独立を宣言したのですが、その後も独立を承認しないセルビアとの間で長い間紛争が続いていました、いわゆるコソボ紛争です。このため政情が不安定で、2012年のバルカン半島諸国旅行時には訪れる事が出来ませんでしたので、2014年の個人旅行の途中に立ち寄りました。

早朝ブルガリアの首都ソフィアを出発して、昼頃コソボの首都プリシュティナに到着しました。ソフィアからプリシュティナまでは直行便があれば1時間強で移動出来るのですが、直行便は週に2回程という事で、この日はウィーン経由となりました。わざわざウィーンまで飛んでまた戻ってくるのですから何とも効率の悪い事です。プリシュティナ空港では予めU旅行社に頼んでおいた現地ガイドのスワッドさんと運転手のレジェブさんが迎えてくれました。簡単な自己紹介の後、今夜の宿のペーチへ向けて出発です。スワッドさんはガイドと通訳を仕事にしている35歳くらいの青年で、アルバニア語、アラビア語、セルビア語、英語の4カ国語を話せるようです。ガイドについては日本人を専門にしていると言います。「どうして日本人に絞ったのですか」と質問したところ、「トルコ人等いろいろな国の人を案内してきたが、宗教の違いがあり難しかった。日本人の場合は宗教の違いを殆ど意識しなくてすむので楽なのです」と。日本人は英会話があまり得意でない事を知っているのか、彼の説明はゆっくりとした英語で助かりました。

コソボには〝コソボの中世建造物群〟と称する世界遺産があり、この遺産は四つの修道院で構成されているのですが、その内のひとつであるペーチの総主教修道院を案内してもらった後、夕方ペーチ市内のホテルに到着しました。ガイドと運転手も今夜は同じホテルに宿泊するという事だったので「それでは夕食を一緒にしよう」と誘い、夕食までの時間を利用してペーチ市内を案内してもらいました。市内の広場で休息している数人の中年の男性を見かけました。スワッドさんによると「コソボの失業率は40％程で、あの中年男達も仕事をくれる人が現れるのを待っているのです」と。コソボ紛争を経て6年前にセルビアからの独立を果たしたのですが、まだまだ経済状態は厳しいようです。

翌日は朝9時出発でデチャニ修道院を訪ねました。入り口にNATO軍の兵士がいてパスポートを預けるよう言われました。コソボには軍隊がなく、その代わりに北部はフランス軍、東部はアメリカ軍、南部はドイツ軍、西部はイタリア軍、中央部はイギリス軍とそれぞれNATO所属の軍によって警備されているようです。コソボはアルバニア人が多数派を占めているようですが、セルビア人も多く、この両者は大変仲が悪くて結婚もしないとの事です。紛争の再発を警戒してNATO軍が駐在しているわけです。

デチャニ修道院を見た後、3カ所目のグラチャニツァ修道院を案内してもらいました。世界遺産〝コソボの中世建造物群〟を構成する四つの修道院の内、三つを訪問出来た事になります。その後プリシュティナ市内を少し見て、プリシュティナ空港でスワッドさん達と別れたのですが、スワッドさんにはコソボに関する実に多くの事を教えてもらいました。独立後未だ6年しか経っていないために、多くの不安要素を抱え、経済状態も悪いようですが、国民の平均年齢が27歳という大変若い国なので、これからの発展が期待できそうです。スワッドさんにも「期待していますよ」と挨拶して別れました。スワッドさんとはその後も暫くの間メールでやり取りをしていました。

スロベニア

コソボを後にしてスロベニアの首都リュブリャナに飛びました。空港からタクシーでブレッド湖へ向かったのですが、中年の親切な女性ドライバーでブレッド湖の事をいろいろ説明してくれました。

ホテルには18時頃着きましたが、未だ明るかったのでブレッド城に登ってブレッド湖を眺める事にし、湖に浮かぶブレッド島の素晴らしい眺めを堪能しました。この小島には教会があり、そこで結婚式を挙げるカップルもいるようです。夕食はホテル近くのレストランを紹介してもらい鱒料理を楽しみました。

ブレッド湖には1泊しか出来なかったので、朝早く起きて湖畔の散歩を予定していたのですが、生憎の雨で実現しなかったのが残念です。昨日ブレッド城に登っておいて良かったと思っていました。

8時に出迎えを受けて車でシュコツィアン鍾乳洞へ出掛け、ガイドの説明を聞きながら約1・5時間かけてUP／DOWNの激しい洞窟内を歩きました。深さ250m程の大渓谷があり吊り橋が架けられている等、素晴らしい光景が広がっているのですが、洞窟内は撮影禁止でカメラに収められなかったのが残念です。絵葉書で我慢です。

スロベニアにはポストイナ鍾乳洞もあり、こちらの方が規模が大きくて有名ですが、世界遺産に登録されているのはシュコツィアン鍾乳洞です。

その後、リュブリャナに戻り、小雨の中を傘をさしてフランシスコ教会↓プレシェーン広場↓三本橋↓大聖堂と回り、徒歩でリュブリャナ城に登って市内を一望しました。赤い屋根の建物が並ぶ綺麗な街で、2021年に〝人を中心とした都市計画〟が評価されて世界遺産に登録されています。

夕食はガイドに教えてもらった「SOKOL」でスロベニア料理のマッシュルームスープを

楽しみました。

ルーマニア

2014年の個人旅行の時にはルーマニアやブルガリアを訪問しています。

最初の訪問地はルーマニアでした。羽田からミュンヘン経由でブカレストに着きましたので、ホテル到着が午前2時頃になりましたが無事チェックインする事が出来ました。翌朝は寝不足解消のために、少し朝寝坊したかったのですが、ブカレスト滞在を1日しか取っていなかったので、7時に起床し8時30分にホテルを出て徒歩で統一広場↓国民の館↓革命広場↓旧共産党本部と精力的に見て回りました。

ブカレストは20世紀初頭にはバルカンの小パリと称される程美しい街並みを誇っていたよう

写真26　国民の館

売注文カード	書店(帖合)印
注文数	年　月　日　部
発行	東京図書出版
発売	リフレ出版

70歳からの世界百カ国旅行

深尾忠一郎 著

定価1,200円+税

ISBN978-4-86641-610-6
C0095 ¥1200E

9784866416106

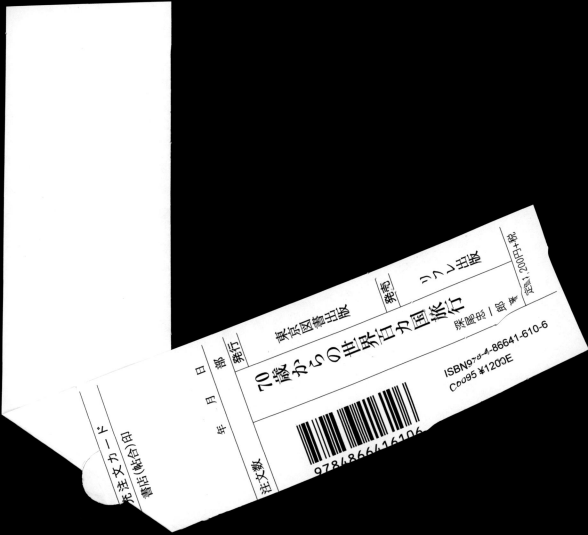

補

売上カード

70歳からの世界百カ国旅行

深尾忠一郎 著

発行

東京図書出版

発売

リフレ出版

定価1,200円+税

ISBN978-4-86641-610-6
C0095 ¥1200E

9784866416106

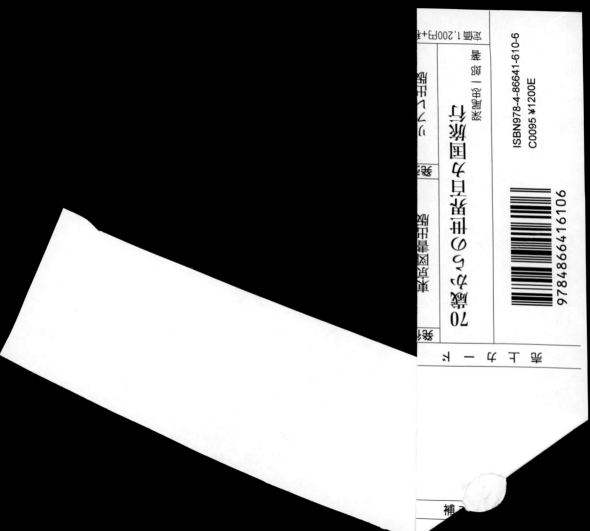

ですが、一党独裁を続けた共産党によりことごとく破壊され、今は殆ど歴史的な建築物は残っていないようです。国民の館は故チャウシェスク大統領が莫大な資金（日本円で１５００億円）を投入して造らせた、米国防省のペンタゴンに次ぐ大規模な建造物だという事で行ってみました。国民の館とは名ばかりで、故チャウシェスク大統領の私欲を満たすためだけのものだったようですが、今は館内に民族衣装博物館があり、国際会議場やコンサートホールとしても使われているようで、多少は国民の館らしくなっているのでしょうか。館内見学はガイドツアーのみという事で、今回は中に入る事は出来ず外観を見るだけでしたが、８階建てで横に大きく広がった壮大な建物です。地下５階には核シェルターもあるようです。午後空港に向かう途中、タクシーの窓から凱旋門を見る事が出来ました。パリの凱旋門そっくりで、小パリと称されていた頃の数少ない残存建造物のようです。

ブルガリア

ブカレストを短時間見た後、午後の便でブルガリアのソフィアに向かい、ソフィア中心部のホテルにチェックインしました。近くにアレクサンダル・ネフスキー寺院、国会議事堂、ソフィア大学等があり徒歩での観光に便利な所です。

翌日はリラの修道院まで１２０㎞を往復する日です。９時前に車の出迎えを受けて、客４＋

ガイド1＋ドライバー1の合計6人が小型のワゴン車に乗ってリラに向かいました。リラの修道院はブルガリア正教の総本山と言われる僧院で、ブルガリアがオスマン朝の支配下にありキリスト教信仰が制限されていた約500年の間も、この僧院だけは黙認されていたようです。14世紀に建造され、1833年に大火事で燃えてしまったようですが、その後復旧され現在は世界遺産にも登録されています。イスラム教のモスクを思わせるような外観ですが、内部には「ラファエロの十字架」が描かれています。教会の横には唯一火災を免れた高さ23mのフレリョの塔が建っており、14世紀の姿を残しています。

リラの修道院を見てソフィアに戻る途中にボヤナ教会に立ち寄ってくれました。ここも是非見たかったのですが、観光コースには入ってい

写真27　リラの修道院

なかったので、ソフィアに戻った後、改めてタクシーを飛ばそうと思っていたところです。ガイドの好意で立ち寄ってくれたのには本当に感謝しました。ボヤナ教会は11世紀建立の小さな教会ですが、内部に描かれたフレスコ画の「最後の晩餐」で有名です。大分傷んでいて修復中でしたが、貴重な遺産として世界遺産にも登録されています。

ソフィアに戻った後、時間があったので近くのアレクサンダル・ネフスキー寺院の周りを一周し、その美しい外観をカメラに収めました。バルカン半島で最も美しいと言われる教会で12の黄金ドームを持っています。完成までに40年の歳月を費やしたようです。今夜の夕食はこの寺院前のイタリアン料理店のオープンテラスで摂る事にし、鱒料理と白ワインを楽しみました。

ポーランド

2011年11月にポーランドを訪問しました。百カ国旅行を目指してからは、1回の旅行で複数国を訪問するようにしていたのですが、この時は仕事の関係で1週間しか休暇が取れなかったので、ポーランド1カ国の旅行になったわけです。モスクワ経由で入り、クラフク→ヴィエリチカ→アウシュヴィッツ→ザモシチ→ワルシャワの順で回ったのですが、アウシュヴィッツ強制収容所については別章に書きましたので、ここではクラフクとワルシャワについて書きます。

クラフクはポーランド王国が全盛期だった14〜16世紀に王国の首都が置かれており、その後も17世紀のワルシャワ遷都までの約600年間首都として栄えた所です。第二次世界大戦の戦災も免れたために今でも中世の香りが残っている落ち着いた街です。クラフクの歴史地区として世界遺産に登録されていますが、主要な建造物はヴァルヴェル城、ヤギェウォ大学、織物会館等です。

ヴァルヴェル城は歴代ポーランド王の居城でヴィスワ川に面して建っています。ヴィスワ川岸は綺麗に整備されており、市民の憩いの場になっているようです。私たちもこの川岸で白鳥を眺めながら暫くの間休憩しました。

ヤギェウォ大学はヨーロッパで二番目に古いと言われる歴史のある教育機関です。大学の中庭にはからくり時計がありコペルニクス像も建っています。

中央市場広場には織物会館（織物取引所）が建っています。長さが100ｍもある堂々としたルネッサンス様式の建物で、14世紀に建てられた当時は布地の取引が行われていたようです。

次の訪問地は首都ワルシャワです。ワルシャワは第二次世界大戦で徹底的に破壊されたのを、生き残った市民の努力でレンガのかけらに至るまで丁寧に再現された街として有名です。薄暮の中を、ショパンの心臓が安置されている聖十字架教会、コペルニクスの銅像、キュリー夫人博物館、洗礼者ヨハネ大聖堂等を見て回りました。市民が協力して復元しただけあって、派手さはありませんが落ち着いた良い街です。ワルシャワではコペルニクス、ショパン、キュリー夫人、前ローマ法王のヨハネ・パウロ2世の4人が街の誇りになっているようです。

チェコ

2010年にドイツからスタートしてチェコ→オーストリア→ハンガリー→スロバキアと回る中欧旅行に出掛けました。チェコとハンガリーについて書いてみます。

チェコでは先ず首都プラハを訪れましたが、プラハでは時計塔の天文時計が印象に残っています。1410年頃に時計職人により製作された由ですが、修理を重ねながら現在も動いています。時計の上部には小窓があり、毎正時には小窓が開いて中からからくり人形が現れ、音楽に合わせて人形ショーを見せてくれます。この種のからくり時計はポーランド・クラフクのヤギェウォ大学の中庭やドイツ・ローテンブルクの市参事会酒宴場でも見ていますが、ローテンブルクの場合は、ワインの一気飲みを強要された老市長が3・25リットルのワインの一気飲みに成功し侵略者から街を守った状況が演出されています。時計塔のある広場はモルダウ川に面していますが、川に架かるカレル橋越しにプラハ城も見えました。

ハンガリー

ハンガリーの首都ブダペストはドナウ川を挟んでブダ側とペスト側に分かれており、ブダ側には王宮や漁夫の砦等の歴史的建物があり、ペスト側は政治経済の中心として国会議事堂や中央市場等が配置されています。私たちはペスト側のホテルに宿泊したのですが、ホテルの窓からブダ側にある王宮が綺麗に見えました。翌朝ホテルを出てドナウ川に架かるくさり橋を渡ってブダ側に行き、漁夫の砦→マーチャーシュ教会→王宮→ゲレルトの丘等を見て回ります。ゲレルトの丘ではタイミング良く兵士の行進風景を見る事が出来ました。夕食後はドナウ川イルミネーションクルーズです。ハンガリーは10世紀末にハンガリー王国として建国され、その後19世紀後半にはオーストリアと協定して広大な

写真28　ブダペスト

オーストリア＝ハンガリー帝国を築く等歴史のある国で、クルーズの途中にオーストリア＝ハンガリー帝国時代に建造されたエリザベート橋を眺める事も出来ました。

ヨーロッパの小さな国

２０１８年８月にヨーロッパの小国３国（サンマリノ、モナコ、アンドラ）を回りました。主目的はこの３国の訪問により私の世界百カ国踏破を達成する事だったのですが、ついでに今まで行っていないピサの斜塔、運河の街ベネツィア、ミラノの「最後の晩餐」等も見てきました。列車とバスを利用する一人旅です。ここではこの３国を含めてヨーロッパの小さな７カ国を面積の小さい順に書いてみます。

バチカン

バチカン市国はローマの中にある世界一小さな国です。面積は０・４４㎢しかなく、東京ディズニーランド（０・５２㎢）より狭いようです。１９９４年１月に訪問しました。

約３０００年前には古代の死者の埋葬地として使用されていたようですが、３２６年にコンスタンティヌス１世により最初の教会堂が建てられ、その後カトリック教の総本山として全カトリック教会に強い影響力を発揮、１９２９年２月にイタリアとの間でラテラノ条約が締結されて独立国家に位置づけられた国です。

サンピエトロ広場、サンピエトロ大聖堂、システィーナ礼拝堂、バチカン美術館等により構成されており、国全体がバチカン市国として世界遺産に登録されています。訪問当時の写真を見ると、サンピエトロ大聖堂ではピエタ像、システィーナ礼拝堂では「最後の審判」、バチカン美術館では鍍金ブロンズ製の松ぼっくり等が目につきますが、この時の一番の思い出はキリスト誕生の飾りつけです。毎年クリスマスから正月にかけてサンピエトロ広場に大きなクリスマスツリーと仮設小屋を建てて飾られるもので、キリスト誕生の場面が等身大の人形で展示されています。1月2日に訪れたために幸運にもこれを見る事が出来ました。

モナコ

モナコはフランスの南東部にあり地中海に面した公国です。面積わずか1・95㎢でバチカン市国に次ぐ世界第二の小国ですが、世界中のセレブが居を構えている高級リゾート地です。ミラノからジェノバとヴェンティミリアを経由する列車で向かいました。

イタリアの列車を利用する場合、大きな駅では定刻の30分くらい前に発車ホームの番号が電光掲示板に表示されるのですが、私の乗る列車は15分くらい前になっても発車ホームが表示されません。何かあるなと思っていたのですが、案の定20分遅れの表示が出て、それが40分↓60

分と拡大し、遂に出発が80分遅れになり、発車後も更に遅れ幅が拡大してモナコ到着は結局2時間遅れになりました。これだけ遅れてもイタリアでは何の説明もありません。もっとも私の場合はイタリア語が理解できないので結果的には同じ事になりますが。

2時間遅れの21時40分にモナコのモンテカルロ駅に到着しました。この駅は山肌に立つ高層構造になっており、駅の出口が地下から高層階まで何カ所かあります。ホテルは地下出口から出て徒歩200mと聞いていたので、地下出口を探しているうちに、娘さんと2人連れの中年婦人が「そのホテルなら高層階の出口でタクシーを拾えばよい」と教えてくれ、親切にタクシー乗り場まで案内してくれ、タクシーの予約までしてくれました。〝モナコは観光業でなりたっているので、ホスピタリティは一流〟という前評判通りです。

翌朝テレビを点けると昨日ジェノバで高架橋が落下した大事故を報じています。説明は殆ど理解できなかったのですが、画像から見ると大変な事故で昨日の列車の大幅な遅れの原因が分かった次第です。

帰国後日本の新聞で事故の詳細を知りました。この橋は1960年代に完成したコンクリート構造ですが腐食がひどく、専門家から崩落の危険が指摘されていたにもかかわらずイタリアの財政窮状のため対策が中途半端になっていたようです。

日本でも60～70年代の高度経済成長期に造られた橋やトンネル等のアセット管理が重要課題になっていますが、新幹線や高速道路等の新設に比べて、既設アセットの修繕・更新は地味な施策で選挙の票に結びつかないために政治家の関心が薄いのが問題です。

翌日市内を歩き、グレース・ケリー妃で有名になった大公宮殿から市内を眺望しましたが、地中海に面した綺麗な街です。Ｆ１のコースも見えました。

サンマリノ

サンマリノはイタリア北部のティターノ山（標高７００ｍ強）を中心に広がる面積61㎢、人口３万人強の独立共和国です。アクセス方法はバスしかなく、フィレンツェから列車でボローニャ経由リミニまで行き、そこからバスで１時間強走ります。バスがサンマリノに近づくと車窓から頂上に三つの要塞を持つティターノ山が見えてきます。

到着後ティターノ山頂のロッカ・グアイダ要塞に登り、サンマリノ全体を眺望しましたが、畑や牧草地もなくただ山腹が広がるだけです。ホテル、レストラン、土産物屋といった観光業だけでは３万人強の生活を支えられるはずもなく、大部分の人は近くのイタリアの街に車やバスで通勤しているのだと思います。

この時の失敗話を書いてみます。サンマリノからの帰りもバスでリミニに向かったのですが、途中で居眠りをしてしまい、気が付いたらリミニ到着時刻を過ぎていてバスは何処か分からない街に停車しているのです。慌てて荷物を抱えて下車しました。その日はリミニから列車でボローニャ経由ヴェネツィアまで行く予定にしていたのですが、リミニ発の列車まで1時間強あったためにタクシーを拾ってリミニ駅に駆け付けて事なきを得ましたが冷や汗ものでした。居眠りをしている間にバスがリミニ駅に到着し、そのまま折り返してサンマリノに向かう途中で目が覚めたようです。日本だとリミニ駅でバスの運転手が起こしてくれたと思いますが、所変われば品変わるという事でしょうか。

リヒテンシュタイン

2011年にドイツ↓スイス↓フランス↓イギリスを回った際に、ドイツのフュッセンからスイスのインターラーケンにバスで移動する途中にリヒテンシュタインの首

写真29　サンマリノ

都ファドーツに立ち寄る事が出来ました。リヒテンシュタインは小豆島とほぼ同じ面積しかありませんが、ヨーロッパ一の富豪と言われるリヒテンシュタイン家の財力に依存しているために直接税（所得税、相続税、贈与税）がなく、多くの国がタックスヘイブン地として拠点を置いており、法人企業数が人口より多いと言われています。リヒテンシュタイン家の収入の40％をこの法人税が占めているようです。また、非武装中立政策をとっており、安全保障はスイスに依存しています。滞在時間が2時間程しかなかったのですが、ファドーツの郵便局で訪問記念のスタンプを押してもらったり、ファドーツ城を撮影したりと結構楽しむ事が出来ました。

マルタ共和国

2017年にギリシャとエジプトを再訪した際に旅の最後にマルタ共和国を訪れました。マルタを選んだのは、ヨーロッパの小国の中で最も世界遺産が多いためです。首都バレッタに2泊し2日間かけてあちこち歩いてみました。首都バレッタそのものが世界遺産になっていますが、近郊には紀元前3000～2000年前に築かれた巨石神殿であるタルシーン神殿や、同じ頃築かれた地下墳墓であるハル・サフリエニ・ハイシンポジウム神殿があり、これも世界遺産に登録されています。街のバスターミナルからバスに乗って行ってみましたが、いずれも住宅街にあり、表示板が控えめになっているために何処が入り口かが分かり難くなっていました。タルシーン神殿では予定していた豊饒の女神像等を見る事が出来たのですが、ハル・サフリエニ・ハイシンポジウム神殿は修復工事中で残念ながら入場する事が出来ませんでした。

マルタの歴史は古く、紀元前4000年頃に遡るようです。当時シチリア系の農民が移住したのが最初のマルタ人と言われています。首都バレッタは16世紀に地中海を席巻した不敗のオスマン帝国軍を破ったマルタ騎士団によってマルタ島のシベラスの丘に築かれた城塞都市で、こぢんまりとまとまっている美しい街です。ホテルから15分も歩けば主な名所に行くことが出来、自由広場、聖ヨハネ教会、聖ヨハネ広場、騎士団長の宮殿、ビクトリアゲイト等を見て回りました。特に聖ヨハネ教会の内部が素晴らしく、印象に残っています。海からバ

写真30　バレッタ

レッタの街の写真も撮りたいと思い、フェリー乗り場を探してフェリーにも乗ってみました。バレッタの街は丘の上に中心街が広がっているために、フェリー乗り場のある海面付近と街の中心部との間の標高差が数十メートルあり、ここを登ってホテルに帰るのは大変だなと思っていたところ、有料のエレベーターがある事を知り、1ユーロを払ってこれに乗りました。

マルタ島は地中海の真ん中という好位置にある事から、古くからカルタゴ（現チュニジア）、ローマ、アラブ、スペイン、フランス、イギリス等の侵略を受け続けて来たのですが、1964年にイギリス連邦から独立しマルタ共和国になった若い国です。感心したのは他の観光地と違って、土産物をしつこく売り込もうとしたり、物乞いのような人を全く見かけなかった事です。独立国としてのプライドを持った国だと思いました。

予定通りの日程を終了し、いよいよ帰国の途につこうと思っている時にとんでもない失敗をしてしまいました。マルタ発16時25分発のフランクフルト行きの便を予定し、ホテル発14時10分のリムジンバスを予約しておいたのですが、マルタに到着した際のリムジンバスの時刻15時30分と勘違いしていたのです。ホテルに15時10分頃戻ってみると、フロントの親父さんから「何処に行っていたのだ。あなたの迎えのリムジンはもう帰ってしまったよ」と言われてハッと失敗に気付いたのです。フライトの時刻まで1時間を切っています。何とかしてくれと頼み込んでタクシーを呼んでもらい、25ユーロを払って空港に滑り込みました。幸い空港まで30分程で行けたのでギリギリセーフでしたが普通なら乗り遅れて、フライトを変更したり、ホテルにもう1泊余分に宿泊したりと大変な事になったところでした。

アンドラ

アンドラはフランスとスペインに挟まれてピレネー山脈の中にある公国で、面積468㎢、人口8万人という小国です。山地に畑が点在する程度の農業国ですが、自然に囲まれた景色は最高で、夏はハイキング、冬はスキー客で賑わうようです。また、免税策をとっているために物価が安く、電化製品・化粧品・衣料品等を求めてスペインやフランスから大勢の買い物客が来ているようです。

アンドラには空港も鉄道の駅もなく、スペインもしくはフランスの街からバスで行く事になります。私はバルセロナからのバス便を使いました、片道3時間程かかります。アンドラのバス停には事前に予約しておいた中年女性の日本人ガイドが待っていてくれ、彼女の車であちこち案内してもらいました。アンドラは1274年にスペインとフランスの元首の下で自治が認められ、1993年に独立国家とする憲法が制定されたのですが、当時の旧国会議事堂が観光名所になっており、内部を詳しく案内してもらいました。議会場にはスペインとフランスの元首が座る席も用意されていました。

旧国会議事堂を見た後、マドリウ・ペラフィタ・クラロ渓谷というアンドラで唯一の世界遺産に向かいます。時間の関係で入り口付近しか見る事が出来なかったのですが、ここは氷河や断崖絶壁等の厳しい大自然が見られる所で、ガイドによると相当な健脚でないと奥に入る事が難しいようです。その後11世紀に建造された山の上にあるサンミクエル教会を見て市内に戻ってきました。

短時間でしたが親切に案内してくれたガイドと別れて街の中心部を歩き、デパートに入りました。このアンドラ訪問で私の世界巡りも丁度百カ国に達したので、何か記念になるものを買いたいと思ったのですが、適当なものが見当たらず、結局中ぐらいのビールジョッキを買い帰国してから自宅で乾杯した次第です。

アイスランド

アイスランドは北海道程の大きさがあり、ルクセンブルクやコソボよりも大きいので、決して小国とは言えませんが、この章の最後に書いてみます。

２０１８年1月の正月明けに家内とアイスランドにオーロラ見物に出掛けました。オーロラは太陽風のプラズマが地球の磁力線に沿って高速で降下し大気の酸素や窒素原子を励起することによって発光すると考えられており、オーロラベルトと呼ばれる地極を取り巻くドーナツ状の地域で見られるもので、カナダ、アラスカ、スウェーデン、フィンランド、アイスランド等の地域が該当します。

私たちはオーロラを見る他に、未だ行った事がない国に行きたいという目的もあったので、アイスランド行きのツアーを選んだわけです。

アイスランドの首都レイキャビックのホテルに4泊しオーロラ見物の機会を待つことになります。毎夜21時頃にホテルのロビーに集合してバスでオーロラ見物地点まで行き、そこでオーロラ出現を気長に待つわけですが、1回は天候が悪すぎてバスが運休、後の2回は出掛けてはみたものの、天気が悪くて空振りという事で、結局お目当てのオーロラを見ずに帰国する羽目になりました。同行のツアー客の中には、飛行機からオーロラが見えたという人もいて羨ましく思った次第です。

機会があれば、また何処かの国にオーロラ見物に出掛けたいと思っています。


アイスランドにはシンクヴェトリル国立公園という世界遺産があります。ここには世界に2カ所しかないギャオと呼ばれる大陸プレートの割れ目があり、そこを訪れてみたのですが雪が積もっており、よく分かりませんでした。ただ近くのスーパーマーケットに割れ目が見える所があると案内され、そこで床に張られたガラス越しにそれらしいものを見る事が出来ました。ヨーロッパ大陸と北米大陸が地表近くでぶつかっているようです。付近にはストロックル間欠泉があり、数分間隔で30m程の蒸気を噴き上げる所もあります。以前イエローストーンで見たオールド・フェイスフル間欠泉のミニ版です。

ブルーラグーンも経験しました。地熱発電所の地熱を利用して作られた広さ5000㎡程の大きさで、温泉というより温かいお湯で満たされた沼地といった感じです。多くの観光客で賑わっていましたが、何しろ沼池のような広さなので、あまり混雑しているようには感じられません。レストランやカフェもあり、入場の際に貰うリストバンドでワインやジュースを買う事も出来ます。冬場だったので外は寒く、お湯の温度も35～36℃と思われる低温でしたが、超大露天風呂の雰囲気を味わう事が出来ました。今回のアイスランド旅行の一番の思い出です。

写真31　ブルーラグーン

旧ソ連の国々

1991年12月にソ連が崩壊し、15カ国に分かれました。ロシア以外に新たに14カ国が誕生した事になります。内訳はロシア、バルト三国、ウクライナ等3カ国、コーカサス3カ国、中央アジア5カ国です。

因みに、同じ頃ユーゴスラビア連邦共和国も崩壊し、後で独立したコソボを含めると新たに七つの国が生まれていますが、これらバルカン半島諸国については別項に書いています。ソ連とユーゴを合わせると2カ国が22カ国に増えたわけです。私の百カ国踏破も両国の崩壊で実現できた事になります。

ロシア

先ず、旧ソ連の宗主国であるロシアを訪問した時の事を書いてみます。

2006年に私学事業団の海外研修旅行に参加して北欧からロシアのサンクトペテルブルグを往復する旅をしました。フィンランドのヘルシンキからエストニアのタリンを経て陸路でロシアに入ったのですが、エストニアの出口になるナルヴァの税関ではエストニア出国とロシア入国の手続きを合わせて何と4時間近くかかりました。8月でしたので寒くはなかったのですが、税関付近の草原に座ってぼやいている我々ツアー客を見かねた添乗員が税関職員と交渉し、ツアー客がお金を出し合って優先入国をさせてもらいやっとの事で入国できた次第です。賄賂が横行するロシアの実態を目の当たりにした入国でした。

夜遅くにサンクトペテルブルグのホテルに着いたのですが、ホテルのフロントで先ずパスポートを取り上げられました。このホテルには3泊するのですが、その間パスポートは預けっぱなしになるようです。

翌日からサンクトペテルブルグ観光が始まります。ロシア正教の総本山である聖イサク教会、宮殿広場、エテカリーナ宮殿等を見て回りましたが、ピョートル大帝がヨーロッパを真似して建設しただけに素晴らしい街並みです。夜はパレス劇場で本場のバレエ『白鳥の湖』を鑑賞しました。

翌日は船で郊外のピョートル夏の宮殿の観光、海から運河を通って入って行くように設計されている宮殿で庭園も立派です。昼食後バスでサンクトペテルブルグに戻りエルミタージュ美術館見物、ここは世界の三大美術館になっているだけに名画も多く今回のハイライトでもあるのですが大変な混みようで暑くてやや閉口しました。

前夜は街に買い物に出た人もいたようですが、ホテルにパスポートを取り上げられているので地元のスーパーでは買い物が出来なかったようです。外国からの観光客には地元のスーパーでの安い買い物はさせず、外国人向けの土産物屋で高い土産品を買わせようという魂胆のようです。といった次第で、街の素晴らしさの割には好感の持てないサンクトペテルブルグ訪問になりました。

ロシア人の印象を一言で言うと「疑い深い目で人を観察する暗い人」という事になります。以前仕事の関係でロシアから来日した3人のビジネスマンと通訳を介して会議をした経験がありますが、その時も同じような印象を持ちました。

この原稿を書いている2022年初めにロシアによるウクライナ侵攻が始まり、プーチン大統領がテレビにしばしば出てきますが、彼は典型的なロシア人だと思います。

翌日はヘルシンキ駅から夜行寝台車でヘルシンキに戻ります。サンクトペテルブルグにヘルシンキ駅があるとは驚きですが、この街には行き先別に駅の名前がついているようです。夜行列車のダイニングカーでツアー仲間と楽しい夕食を摂りました。

バルト三国

バルト三国は東のロシア、西のスカンジナビア半島に挟まれたバルト海に面して、北からエストニア、ラトビア、リトアニアと並んでいる三国の事です。数々の困難を乗り越えて

１９９１年に旧ソ連から独立し、三国揃って２００４年にＥＵとＮＡＴＯに加盟し、親西欧路線に戻っています。

エストニアの首都タリン、ラトビアの首都リガ、リトアニアの首都ヴィリニュスの旧市街は歴史地区として揃って世界遺産に登録されている趣のある街ですが、その中でも一番印象に残っているのはラトビアの首都リガです。

ラトビアはバルト三国の中央に位置し、経済的にも他の二国をリードしているようです。首都のリガは約70万人の人口を抱える大都市で見所も沢山あります。東欧中心の個人旅行で訪れたのですが、リガには2泊する事にし、初日は先ず聖ペテロ教会に上って市内全景を眺望し、その後リガ大聖堂を訪ねました。リガ大聖堂は美しいステンドグラスが見所ですが、訪問した時間が丁度オルガンコンサートの開始時刻に近かったので、チケットを買い幸運にもオルガンコンサートを聴く事が出来ました。ここのパイプオルガンは19世紀後半に作られたようですが、木彫りの彫刻で装飾された重厚なオルガンで音色も相当に重厚です。このコンサートを聴くために訪れる人も多いようで、聖堂内では１００人を超える聴衆が静かにオルガンの音色を楽しんでいました。その後、三人兄弟の家やブラックヘッド会館を見て回った後、夕食はホテルで紹介してもらったレストランBlue Cowでステーキとビールを楽しみました。ツアーでの旅行と違って、個人旅行の場合はレストラン、特に夕食のレストランを自由に選べるところが魅力的です。今度の旅行でもソフィア、ブレッド湖、リュブリャナ、ヴィリニュス等の各地でホテルやガイドに良いレストランを紹介してもらいながら、充実した夕食を楽しむ事が出来て満足しました。

翌日は午後リガを出発して、フランクフルト経由で帰国する日になっていましたが、午前中の時間を使ってユーゲントシュティールの建築巡りに出掛けました。建築巡りはバルセロナのガウディ建築やブリュッセルのオルタ建築等も経験していますが、ここリガのユーゲントシュティール建築群もなかなか見応えがあります。ユーゲントシュティールはフランス等で使われているアールヌーヴォーと同義のドイツ語で、19世紀後半から20世紀初頭にかけて盛んになった新しい芸術活動を指すようです。ガウディ建築やオルタ建築も同時代のものです。リガのアルベルタ通りを中心に10個程の建物が並んでいますが、いずれも5～6階建てで、建物の高さ

写真32　ラトビアのリガ

も揃っており、街並みとしても見応えがありました。

ウクライナ等3カ国

ウクライナ等3カ国という言葉は正式にはありません。ウクライナ、ベラルーシ、モルドヴァの3カ国を総称して私が勝手に呼んでいるだけです。2016年の8月にこの3カ国を訪問しました。当初はツアーに参加しようと思って旅行会社2社に申し込んでいたのですが、夏休みのハイシーズンで旅行代金が高く設定されている為に催行人員を満たす事が出来なかったようで、両方共ツアー中止になったのです。仕方がないので個人旅行に切り替えてU社にフライトとホテルの予約を頼んで、リュックサックを背負っての一人旅です。一人旅は過去に何回か経験しているものの、細かなところまで準備をしなくてはならないので面倒です。ウィーン経由でベラルーシに入り、ベラルーシのミンスクとミール、ウクライナのキエフとオデッサ、モルドヴァのキシナウと3カ国5都市を1週間で回って来ました。印象に残っているのはやはりウクライナです。

ベラルーシの首都ミンスクから空路ウクライナの首都キエフに到着しました。空港でウクライナの通貨グリヴァナに両替後、タクシー乗り場に行ったら、早速タクシーマネージャーと称する男に捕まりました。ホテルの名前を告げて料金を聞くと、1000グリヴァナと言います、ガイドブック等による事前の調査で300〜400グリヴァナと想定していましたので、「高すぎる」と言ったら、あっさり半分の500に下げて来ました。1グリヴァナは約4円なので約2000円という事になります。空港から市内までの距離が約40㎞なので、日本の感覚では安いのですが、不当にボラれている事には変わりありません。300でどうかと交渉したのですが、500と言い張るので、間を取って400で合意しました。こうなると金額自身の問題ではなく、大袈裟ですが正義に対する挑戦です。

翌日は朝からキエフ市内を見て回りました。キエフにはソフィア大聖堂や聖ミハイルの黄金ドーム修道院があり、世界遺産にも登録されています。

市内を歩いている時に奇妙な経験をしましたので、その話を書いてみます。ホテルを出てソフィア大聖堂に向かう上り坂で一人の男が近付いてきて、「そこで拾った、俺はラッキーだ」と言って米ドルとユーロ紙幣の入ったビニール袋を見せるのです。日本でなら「警察に届けなきゃ」と言うところですが、言葉もあまり通じないし、深入りしたくもなかったので「ラッキーだったね」と言って別れようとしたのですが、その男が「何処から来たの」、「日本は良い国だ」とか言いながらついて来るので、暫く並んで歩く格好になりました。その内に別の男が青い顔をして現れて、我々2人に「そこでお金を落としたのだが知らないか」と。横にいるお金を拾った男は「知らない、俺の財布にはこれしか入っていない」とさっきのビニール袋は見せないで、別の財布の中身だけ見せるのです。私もつられる格好で財布を見せました。肩からさげている鞄も見せてくれと言うので、鞄の中も見せました。米ドルはホテルのセーフティボックスに置いてきたので、財布の中には若干の現地通貨しか入っていなかったのです。お金を落とした男はガッカリしていましたが、そこで3人は別れました。

ところが午後も同じ道を歩いていたら同じ状況、つまりお金を拾った男と落とした男に出くわしたのです。そこで私も初めて気づきました、「これは犯罪だ」と。2人組がグルになって、私のような海外から来ている観光客をカモにする手口です。今回は財布の中にも鞄の中にも大金が入っていなかったので事なきを得たのですが、もしまとまった米ドルやユーロを持っていたら奪い取られていたかも知れません。

事前の下調べで、ウクライナは犯罪と賄賂の横行する国だと認識していましたが、こういう手口の犯罪があるとは初めて知りました。

因みに、2022年2月にロシアによるウクライナ侵攻が始まったことにより、ウクライナのゼレンスキー大統領のEUやNATOへの加盟熱望が加速されていますが、ウクライナのこの体質、特に賄賂王国の是正が加盟実現への大きな条件になると思っています。

事前の調べでキエフにはチェルノブイリ博物館があると分かっていましたので是非見たいと思い、地図を片手に途中で何回も道を聞きながら何とか辿り着いたのですが、残念ながら日曜日は休館でした。東電福島原発事故の後でもあり、チェルノブイリのその後の様子が少しは分かるかと思ったのですが残念でした。

キエフを見た後、空路オデッサに向かいました。オデッサは黒海に面したウクライナ南部の港町で、映画『戦艦ポチョムキン』で有名なポチョムキンの階段がありました。最下段の幅21・6mに対して最上段の幅は12・5mと狭くなっているために、下から見上げると堂々とした安定感が感じられます。数えながら上がって行くと190段ありました。近くにはオペラ・バレエ劇場やゴールサト公園等もあり感じの良い街です。

なお、ロシアによるウクライナ侵攻により、キエフはキーウ、オデッサはオデーサ

写真33　ポチョムキンの階段

と呼ばれるようになりましたが、ここでは訪問当時の呼び名を使っています。

中央アジア4カ国

2014年8月には中央アジア5カ国の内、タジキスタンを除く4カ国旅行に出掛けました。天山山脈の北、カスピ海の東に広がる大草原の地域でシルクロードの経路でもあった〝……スタン〟という国名の国々です。スタンというのは〝……の土地〟という意味で、例えばカザフスタンは〝カザフ人の土地〟という意味だと聞きました。日程が17日間とやや長く、バスで移動途中のトイレが青空トイレというあまり好ましくはない、特に女性にとっては不便なツアーでしたが、現地添乗員にも恵まれ、有意義な旅行になりました。キルギス↓カザフスタン↓トルクメニスタン↓ウズベキスタンの順に回り、各地で珍しい経験をしました。

◇キルギス

最初の訪問地はキルギスの首都ビシュケクです。ソ連時代はキルギスタンと称していたようですが、ソ連崩壊に伴い1991年にキルギス共和国として独立した国です。成田からウズベキスタンのタシケント経由でビシュケクに早朝到着し、直ぐバスでアク・ベシム遺跡を経由してブラナの塔とバラサグン遺跡を訪ねました。ここは中国の西安から始まるシルクロードが途中で分岐する所の東側の起点として、2014年に世界遺産に新しく登録された所です。ブラナの塔は11世紀に建造された当初は45mだったようですが、上部は地震で崩壊し今は24mになっています。塔の中の急な階段を登って頂上に出ると、広大な草原が眺望出来て、かつてシルクロードを旅したキャラバン隊が想像出来ます。塔の横の博物館にはこのブラナの塔の前を旅するキャラバン隊の絵も飾ってありました。

ブラナの塔を見た後、イシク・クル湖へ向かいました。イシク・クル湖は琵琶湖の約9倍の広さがあり、標高1600mとペルーのチチカカ湖に次ぐ高地にあります。ソ連時代は政府要人の別荘や科学兵器の研究地だったために外国人は立ち入り禁止になっており、シルクロード研究で有名な作家の井上靖氏も訪問出来なかったようです。ここでは現地ガイドから次のような興味深い話を聞く事が出来ました。

イシク・クル湖の一番深い所は水深700mらしいのですが、この湖中には集落跡が沈んでおり多くの謎に包まれています。8年前の2006年に中国から〝この水深700mを横切る長さ60㎞のレインボーブリッジを建造したい、工期は50年、必要経費は全て中国が負担し、作業員も全て中国から派遣する、キルギスは承認さえしてくれればよい〟という提案があったようです。中国の狙いは湖中に眠る地下遺跡や地下資源の発掘にあり、それらを持ち帰った後は、契約を破棄する魂胆だと睨んだ賢明な判断により、キルギスが断ったようですが、中国らしい何とも狡猾かつ幼稚な提案だと思いました。現地ガイドには「キルギスは賢明な判断をしましたね」と話しておきました。

ただ、キルギスは中国の一帯一路戦略対象国のひとつになっており、その後も中国から露骨な経済支援名目の侵略行為が続いており、若者を中心に多くの反中デモが報じられています。キルギスが中国からの負債を抱えて困窮しているという報道もあります。対中国外交に関して賢明な判断が継続されるよう願っています。

イシク・クル湖の湖岸には岩絵野外博物館があります。ここには4000年前に岩に描かれたユキヒョウ、シカ、狩人等の絵が残っていて、遺産的価値は極めて高いと思われますが、なにぶん野晒し状態なのでその傷み方も相当なものです。以前ユネスコがここを世界遺産に指定しようとして調査したのですが、キルギス政府があまり乗り気でなかったので見送られたようです。世界遺産に指定されると、その維持が大変で財政的に耐えられないと判断したのでしょうが、非常に勿体ないと思いました。

◇カザフスタン

カザフスタンではタラズ川の古戦場が印象に残りました。8世紀に唐軍とアラブ軍がここで5日間の合戦を行い、唐軍が敗れて唐（現在の中国）の西側境界が確定すると共に、中央アジアのイスラム化が始まったようです。また、捕らえられた唐の捕虜の中に紙すき職人がいて製紙法が西側に伝わったとも言われています。タラズ川を挟んだ合戦跡を見ていると、日本の川中島等の古戦場を思い出します。

◇トルクメニスタン

3番目の訪問国はトルクメニスタンです。トルクメニスタンにはクフナ・ウルゲンチ、ニサ遺跡、メルブ遺跡という世界遺産に登録されている古代遺跡がありそれぞれ見応えがあるのですが、私が一番印象に残ったのは、首都アシガバットで見た永世中立の塔です。1995年にトルクメニスタンの永世中立が国連で承認されたのを記念して建てられたもので、塔の天辺にはニヤゾク大統領の金の像が飾られています。スイスが永世中立国宣言をしている事は以前から知っていましたが、トルクメニスタンも中立宣言をしているとは初耳でした。バスの車窓から見るアシガバットの街は広い道路に面して大理石の白色の中層ビルが建ち並んでおり、近代化への整備が急速に進んでいるようです。石油や天然ガス等の資源に恵まれて財政的に余裕があるのでしょうか。

ただ、レストランで飲むビールやワインの高い事には驚きました。ビールの中ジョッキが15ドル、グラスワインが25ドルといった有様で、今回訪問した他の国の2倍以上です。外国人向けの価格らしいのですが、外国人から多く巻き上げようという魂胆には感心しません。

◇ウズベキスタン

旅の最後はウズベキスタンです。今回の4カ国の中では一番見所の多い国です。先ず、ヒヴァを訪問しました。ヒヴァは二重の城壁を備えたかつてのオアシス都市で、外城をデシャン・カラ、内城の旧市街をイチャン・カラと称し、イチャン・カラ全体が世界遺産に登録されています。イチャン・カラの入り口である西門でカメラ撮影代6500スム（約350円）を払って入場すると、直ぐ右手に未完成の大ミナレットと言われるカルタ・ミナルが聳えており、その横に今夜宿泊するホテルがあります。このホテルは元はムハンマド・アミン・ハン・メドレセと称する神学校です。中庭を囲む形で2階建ての建物が建っており125の部屋が備えられています。元は神学校の神学生のための寄宿舎だったものを部屋毎にバスやトイレを増設し

写真34　ウズベキスタンのヒヴァ

てホテルにしています。世界遺産の建物に宿泊するという珍しい幸運に恵まれました。同行の若い男性Kさんに誘われて、ヒヴァで一番高いイスラーム・ホジャ・ミナレット（45ｍ）に登りイチャン・カラを一望したのも良い思い出です。

ヒヴァを見た後、ブハラに移動しました。ここも歴史地区として世界遺産に登録されており、カラーン・モスクやアルク城等多くの見所がありますが、一番印象に残ったのはイスマイール・サーマーニ廟です。9世紀末から10世紀前半にかけて建造された小さな廟ですが、素焼きレンガだけの巧みな組み合わせにより壁面や半球ドーム型の屋根が作られています。その計算された強度確保にも感心させられますが、レンガの組み合わせによる凹凸模様が実に美しい外観を保っています。日差しの強弱や角度によって外観が微妙に変わり、特に月の光で見ると美しいと言われています。ブハラには大通りの交差点を丸屋根で覆ったタキと呼ばれるバザールが3カ所程あり、宝石、金属製品、帽子等を売っています。金属製品の工房もあり、コウノトリの形をしたはさみが人気だと聞きましたので、ローマ字で家内の名前を入れてもらって土産にしました。

ブハラを見た後、シャフリサーブスを経て今回のツアーの最終地でハイライトでもあるサマルカンドへ移動しました。サマルカンドは〝青の都〟、〝イスラム世界の宝石〟等の異名を持つ都市で、歴史的にも常にシルクロードの中心都市として栄えてきた所で、世界遺産の登録名称も〝文化交差路サマルカンド〟となっています。そのサマルカンドのシンボルであるレギスタン広場を囲むように中央にティラカリ・メドレセ、左にウルグベク・メドレセ、右にシェドル・メドレセが建っており、ティラカリ・メドレセの左手には青い色のドームも見られます。広場の前には格好の写真撮影場所が用意されており、我々もここで集合写真を撮りました。中央右手のミナレットが少し傾いているのが気になります、砂地に建っているためでしょうか。

レギスタン広場で2時間程過ごした後、アミール・ティムール廟へ向かいました。14世紀後半この地を支配したティムールとその一族が眠る廟です。ここのドームはその青さが独特です。これがよく言われるサマルカンドブルーです。

サマルカンドでは2泊し、最終日はタシケントから成田へ向けて帰国の途についたのですが、帰国前にタシケントの日本人墓地を訪ねました。第二次世界大戦後ソ連に抑留され、この地に連行されて強制労働の末に亡くなった79名の日本人が眠る墓地で、亡くなった人の名前がプレートに刻まれています。添乗員が日本から持ってきた線香を供え、ツアー客全員が両手を合わせました。タシケントには1947年に完成した1500人収容の立派なナヴォイ・オペラ・バレエ劇場がありますが、この劇場は第二次世界大戦後、日本人の抑留者に強制労働で造らせた建物だそうです。タシケントでは〝日本人が建てたこの建物は地震の時にもびくともしなかった〟と言われ、日本の技術力の高さと作業員の誠実さが賞賛されているようです。

ウズベキスタンではターニャさんという女性の現地ガイドが各地を案内してくれました。日本語が話せるとてもユーモアのある女性で大変楽しい旅になりました。ターニャさんは日本にも2度行った事があるようで、最初の訪問時はトイレの便座に沢山の押しボタンがあり、使い方を友達に聞いて使ってみたら大変便利で衛生的だと感心したそうです。ウォシュレットの事です。2回目の訪問時にはトイレに入ったら便座の蓋が自動的に開いた事にまたまたビックリしたそうです。「日本人はいろんな事を考えるのですね。今度行ったらトイレがどうなっているか楽しみです」と話していました。日本人のきめ細かな工夫は外国人から見ると驚きのようです。

コーカサス3カ国

2013年の9月にコーカサス3カ国の旅に出ました。黒海とカスピ海に挟まれたアジアの西端に位置する小国です。カタールのドーハを経由してアゼルバイジャンのバクーに入り、アゼルバイジャン↓グルジア↓アルメニア↓グルジアの順に回りカタールのドーハから帰国しました。グルジアはその後ジョージアと呼ばれるようになっています。

◇アゼルバイジャン

アゼルバイジャンはカスピ海に面し、天然資源が豊富で古くから産油国として有名です。最近はカスピ海からの産油が盛んなようです。首都バクーにあるシルヴァンシャー宮殿、シェマハ門、乙女の塔等を見て回りましたが、印象に残ったのはバクー事件の犠牲者の墓が並ぶ殉教者の小道です。バクー事件とは、１９９０年1月に当時ソ連の支配下にあったアゼルバイジャンとアルメニアがナゴルノ・カラバフ自治州の帰属を巡って対立し、その鎮圧のためにソ連軍がバクーを攻撃して１３０名の犠牲者を出した事件です。現在ナゴルノ・カラバフ自治州はアゼルバイジャンに属していますが、アルメニアの西部にはナヒチェバン自治共和国という、もう一つのアゼルバイジャンの飛び地があり、今でも両国関係は険悪なようです。今回のツアーでも両国間を直接行き来する事が出来ず、わざわざグルジアを経由して行き来する有様でした。アゼルバイジャンではこの他にシェキにも行き、シェキハーン宮殿やキャラバンサライ（隊商宿）を見ました。キャラバンサライはシルクロード沿いの他の地でも見かけますが、ここのキャラバンサライは整備がよく行き届いており、ホテルや土産物屋として活用されています。

◇**アルメニア**

グルジアを経由してアルメニアに入りました。４世紀初めに世界で最初にキリスト教を国教と定めた国で、アフパット修道院、セバン修道院、ホルビラップ修道院、エチミアジン大聖堂、ゲガルト洞窟修道院等、キリスト教の修道院が沢山あります。特にエチミアジン大聖堂は世界遺産にも登録されている名跡で、中に入るとノアの箱舟の破片やキリストの脇腹を刺したと言われる槍等が展示されています。

アルメニアではアララト山が有名です。標高5123mの富士山によく似た山で、今はトルコ領に位置していますが、アルメニアの首都エレバンからもよく見えて、ノアの箱舟が漂着した山としてアルメニア民族のシンボルのようになっています。アララト山を背景にしたホルビラップ修道院の写真は観光案内等でよく紹介されています。

◇グルジア（現ジョージア）

アルメニアから再度グルジアに入りました。グルジアという呼称はロシア語由来ですが、南オセチア紛争等でロシアとの敵対関係が決定的になって以来、英語読みのジョージアを正式国名にしており、日本も2015年からジョージアと改正していますが、私が訪問した2013年当時は未だ

写真35　ホルビラップ修道院とアララト山

グルジアと呼んでいました。グルジアでは首都トビリシの近郊の農家の庭で昼食を摂る機会があったのですが、ここで自家製のワインやコニャックが振る舞われました。コニャックが特に美味しかったので、売ってもらうわけにいかないかと聞いてみたら、ペットボトルに入れて10ドルで分けてくれました。帰国後賞味したのですが、2～3本買うんだったと悔やんだものです。グルジアでは軍用道路を走り、ロシア領北オセチア共和国との国境にあるカズベキ山（５０４７ｍ）の麓にあるゲルティのサメバ教会も訪問しました。教会に近づく道はぬかるんでいて、途中で４ＷＤ車に乗り換えるドライブでしたが、大コーカサス山脈の一端を見る事が出来て感激しました。最終日はトビシリ市内を自由行動で見て回りました。土曜日で丁度グルジア誕生祭とかで市内は大変賑わっており、バザールを見て回りながら楽しい一日を過ごしました。

中米

中米の国は東側がカリブ海に浮かぶ島国、西側が北米と南米を陸地で結ぶ国々と二つに区分されます。旅行会社のツアーでもこの両方のコースが用意されています。２０１５年３月にカリブ海６カ国旅行に参加し、キューバ↓ドミニカ共和国↓プエルトリコ↓アンティグア＆バーブーダ↓バルバトス↓ジャマイカの順に回り、２０１６年３月には中米７カ国旅行に参加して、パナマ↓コスタリカ↓ニカラグア↓エルサルバドル↓ホンジュラス↓グアテマラ↓ベリーズを回って来ました。

キューバ

キューバは１９５９年にアメリカに反抗してキューバ革命を起こし、社会主義国になった国です。１９６２年にソ連がアメリカを標的にした核兵器をキューバに持ち込むという計画が発覚、キューバ危機と言われた事がありました。当時のケネディ米大統領とソ連のフルシチョフ首相との間で瀬戸際の交渉が続けられ、辛うじて持ち込みが中止され、危機が回避されましたが、アメリカにとっては目と鼻の先にある棘のような国で長い間国交も断絶されていたわけです。２０１５年初めにオバマ米大統領とキューバのカストロ首相との間で国交回復の約束が交わされ、私が訪問した２０１５年３月には国交回復への期待感からか、首都ハバナには陽気な雰囲気が漂っていました。とはいえキューバの英雄はカストロと共に革命を成功させ社会主義国を成立させたチェ・ゲバラです。広場を囲むように建っている建物の壁には彼の顔を描いたモニュメントが飾られており、近郊の革命広場には彼の銅像やゲリラ戦で使われた貨車が陳列されています。

　この他にキューバの売り物はヘミングウェーです。彼はキューバ革命の後、暫くしてからキューバを離れてアメリカに帰国したのです

写真36　チェ・ゲバラのモニュメント

が、それまでの20年強の間はしばしばキューバを訪れ、『誰がために鐘は鳴る』や『老人と海』等の小説を執筆しています。ハバナには彼の常宿のホテルアンボス・ムンドスがあり、そこの511号室はヘミングウェーの展示室になっていました。彼がよく通ってモヒートというカクテルを飲んでいたという居酒屋のラ・ボデギータ・デル・メディオにも行きモヒートを飲んでみましたが、壁には直筆のサインが飾られていました。ハバナから少し離れたコヒマル村にも行ってみました。ここは釣りに出掛けるときに使った港町ですが、海岸には彼の胸像が建っています。

もうひとつ面白いと思ったのは観光用のタクシーです。アメリカとの国交が断絶する前に輸入したキャデラックやリンカーンといったクラシックカーが派手な原色に塗装され観光用のタクシーとして活躍しています。20世紀中頃のアメリカの古き良き時代を懐かしむ観光客に結構人気があるようです。

ドミニカ共和国

2番目の訪問国はドミニカ共和国です。コロンブスが初めて上陸した島で、その後新大陸初のスペイン植民地になった所です。首都サントドミンゴ周辺にはコロンブス記念灯台、コロンブス公園等があり、コロンブスの銅像も建っています。また、新大陸最古の病院と言われるサン・ニコラス・デ・バリ病院跡を中心にしたサントドミンゴ旧市街は世界遺産に登録されています。

カリブ海にはドミニカ共和国とは別にドミニカ国という国もあり、些か紛らわしい所です。

プエルトリコ

プエルトリコはアメリカ合衆国の自治連邦区と位置付けられており、独立した国家ではありません。長い間スペインの植民地で、この間にイギリスやオランダの海賊による攻撃に備えるために海に面して建設されたエル・モロ要塞やサン・クリストバル要塞等が残っています。

こうした要塞を見て歩くと共に、ラム工場を訪問しラムパンチを試飲しました。ラム酒はサトウキビを原料とした蒸留酒で、砂糖の製造過程で副産物として出て来る搾りかすから作られます。ラム酒をベースとしたカクテルはモヒートやダイキリ等と呼ばれていますが、私たちが試飲したラムパンチはラム酒に5種類のフルーツが入ったジュースを混ぜて作るようです。

プエルトリコでは空港到着時にツアー客13人の内、私を含む3人の荷物が出て来ないというハプニングに見舞われました。35年程前にロンドンからニューヨーク経由ロチェスター行きの乗り継ぎ便で荷物が出て来ないトラブルに遭遇した経験があるのですが、今回はドミニカのサントドミンゴからプエルトリコのサンファンまでの1時間半程の直行便だったのでロストバゲージが起きるのはちょっと考えられないのですが。幸いホテルの近くにスーパーがあり、そこで一夜分の着替えを買う事が出来たのですが、洗面道具がないのには些か困惑しました。

なお、帰国後暫くしてから、学生時代に観たミュージカルの『ウエスト・サイド・ストーリー』をテレビで再見した折に、プエルトリコやサンファンの名前が出て来た時には大変懐かしく思い出しました。1960年代のミュージカルですが、この頃プエルトリコ人はアメリカで辛い思いをしており、ストーリーに描かれているような非行に走った若者もいたのではないでしょうか。

アンティグア&バーブーダ

4番目の訪問国はアンティグア&バーブーダです。アンティグア島とバーブーダ島からなる島国で、総面積は種子島よりやや小さいようです。ここではカリブ海の砂浜に面したロッジで2泊したのですが、夕日を眺めたり、珍しい小鳥を間近に見たりとゆったりとした2日間を過ごす事が出来ました。私は煙草を吸うのですが、ロッジの入り口にある椅子に座って海を眺めながらの一服は格別でした。

首都はセントジョーンズですが、セントジョーンズ港には豪華客船が入港しており、大勢の乗船客で賑わっています。豪華客船はプエルトリコのサンファンでも見かけましたが、カリブ海各地はクルージングの格好の寄港地になっているようです。

バルバトス

バルバトスでは首都ブリッジタウンのホテルに2泊しました。この街はリトルイングランドと呼ばれている通り、イギリスの歴史を凝縮したような風情があり、ウエストミンスター寺院を模した国会議事堂やチェンバレン橋等が目を引きます。

ここでは潜水艇に乗って海低45mまで潜り、船の窓から深海魚を眺めるリブマリンツアーというのを経験しました。海が少し濁っていて、あまり綺麗には見えなかったのと、海底に小舟が何隻か沈んでいて些か見苦しい光景でした。もう少し金をかけて綺麗な海底に整備したらと

写真37　ブリッジタウン

思った次第です。

ジャマイカ

最後の訪問国はジャマイカです。首都キングストンの他にオーチョリオスとモンテゴベイのホテルにも泊まり、合計3泊したのですが、UCCコーヒー農園、サンバレープランテーション、バードサンクチュアリー、ネグリルのリックスカフェ等を回り、美しい自然に触れる事が出来ました。

UCCコーヒー農園は最近世界遺産にも登録されたブルーマウンテンと呼ばれる山の中腹にあります。かつてジャマイカが外資を入れようとして売り出した時にUCCの創始者である上島忠雄氏が買い取った所で、100%純粋なブルーマウンテンコーヒーを日本に輸出しているようです。日本ではこれをブレンドしてブルーマウンテンコーヒーとして販売しており、100%純粋なブルーマウンテンコーヒーはここでしか飲めないと説明されて試飲し、土産に4袋程購入しました。非常に淡白な味です。

ネグリルのリックスカフェは素晴らしい夕日の眺めを売り物にしている展望台です。展望台にはバーもあり、日没時の夕日鑑賞に備えて大勢の観光客が詰めかけ、モヒート等を飲み、レゲエと呼ばれる音楽の生演奏を聴きながら真っ赤な夕日が沈む瞬間を待っています。この日は幸い好天に恵まれ、素晴らしい夕日をカメラに収める事が出来ました。

旅の最後に泊まったモンテゴベイのホテルの前はDoctor's Caveというプライベートビーチになっており、綺麗な海岸で水泳を楽しむ事が出来ます。水泳を希望したのは私一人だったのですが、午前中の自由時間を利用して存分に楽しむ事が出来ました。

15日間に亘る長い旅を終えて、モンテゴベイからカナダのトロントを経由して成田に戻って来ました。ヨーロッパ旅行等と違い、大聖堂や宮殿はないのですが、自然に触れる旅が出来た事に感謝しています。

パナマ

ここからは２０１６年の中米７カ国訪問記になります。最初の訪問国はパナマです。

パナマには世界遺産に登録されているパナマビエホという教会跡もありますが、見所はパナマ運河です。パナマ運河の建設はスエズ運河建設者レセップスによりフランス主導で１８８０年に始まったのですが、黄熱病の蔓延等で挫折し、アメリカが引き継いで１９０３年に再着手され10年の歳月を経て１９１４年に完成した由です。長い間アメリカの管理下にあったのですが、１９９９年12月31日をもってパナマに完全返還されました。太平洋とカリブ海を結ぶ全長約80㎞の長さで、途中海抜16・６ｍのミラフローレス湖や海抜26ｍのガトゥン湖を通過するため運河の両端には閘門と称する水位調節用のプールが設置されています。私たちはミラフローレス閘門を見学しましたが、長さ300m、幅40m程ある巨大なプールの水位を8mずつ2段に亘って上げ下げしながら船を通過させる様子を大変興味深く観察しました。

訪問した時点では通過できる船の大きさは、幅32・3m、長さ294・1mに制限されていましたが、3カ月後の2016年6月末には拡張工事が完成し、幅49m、長さ366mまで可能になるようです。船の通行料は一番高いケースで30万ドルと聞きました、それでも南米南端のマゼラン海峡やドレーク海峡を回るより割安という計算なのでしょう。パナマ運河の通行料で得る収入は巨額で、計算にもよりますが、パナ

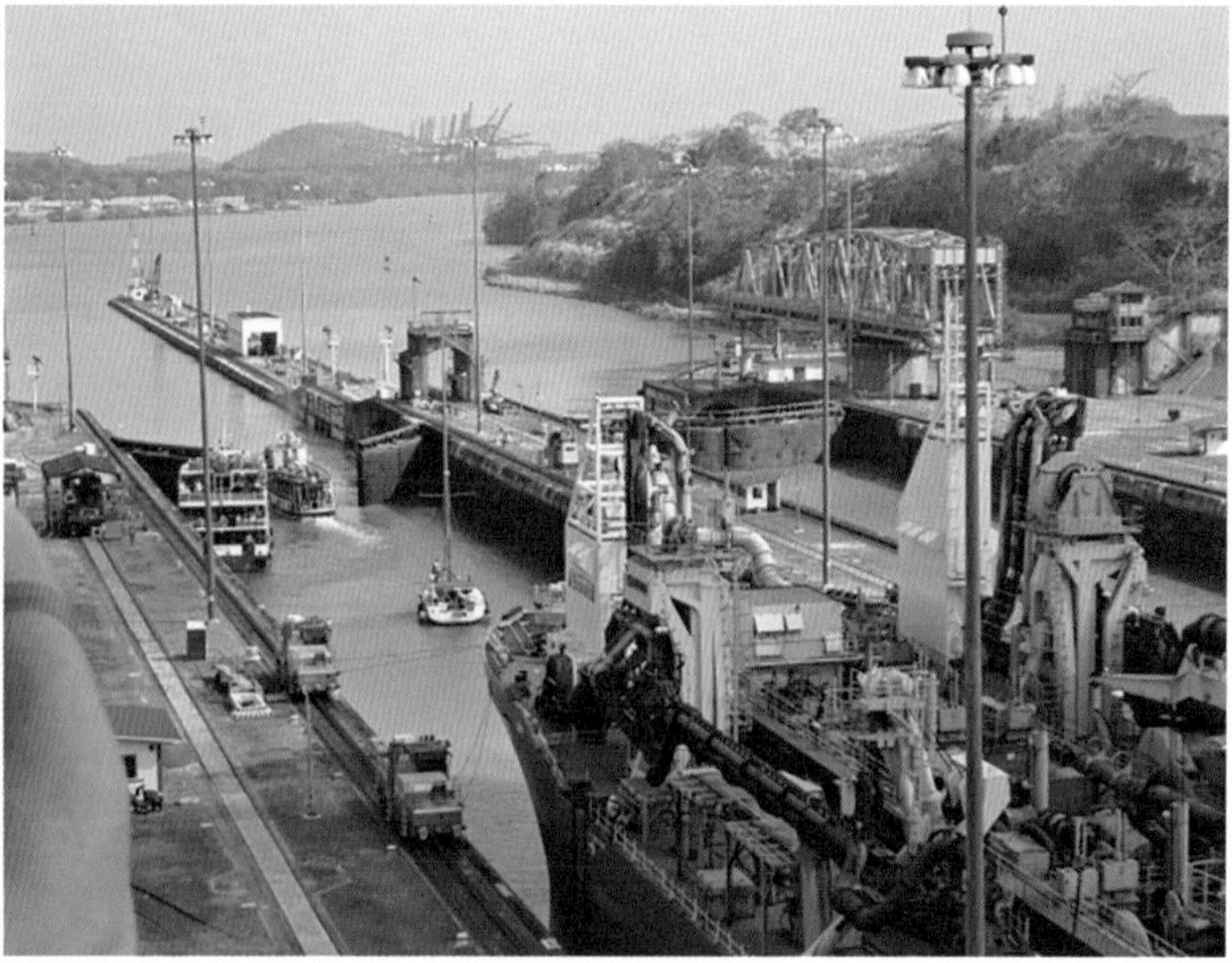

写真38　パナマ運河

マの経常収入の75%に達するとも言われています。

この巨額の収入に目を付けたのがニカラグアと中国です。HKND社という香港企業が500億ドルの予算で2014年12月に全長275㎞に及ぶニカラグア運河の建設に入ったようです。当初2020年完成を目指していたようですが、ニカラグアの財政悪化で2018年12月に中止になったようです。この運河の運営権はHKND社に50年間帰属し、更に50年間延長も可能となっていた由で、HKND社には中国人民解放軍や中国共産党の関与も指摘されており、事実上100年間は中国の租借地になってしまうのではないかという懸念もあったようです。海外旅行をしていると、中国が世界中の至る所に進出し、財力を武器にして各国の利権を漁っている話に接しますが、先に書いたキルギスのような賢明な判断をしないと中国の餌食になるだけです。

コスタリカ

2番目の訪問国はコスタリカです。コスタリカにはこれといった文化遺産はないのですが、モンテベルデ自然保護区に代表される自然が豊富で、近年のエコツアーのブームもあって欧米から多くの旅行者が来ているようです。日本人の観光客にも沢山会いました。モンテベルデ自然保護区でのお目当てはケツァールという名の綺麗な鳥を見る事です。私たちも熱帯雲霧林の中に1時間以上佇んでケツァールが出て来るのを待ちましたが、遂にその姿を見る事は出来ませんでした。現地ガイドの話でも見られる確率はあまり高くないようです。その代わりになりますが、熱帯雲霧林を進んで行った奥にあるポアス火山の噴火口を見た時は感激しました。霧が立ち込める寸前の短時間でしたが、快晴の中で素晴らしい噴火口の様子を見る事が出来たのです。正に幸運の一言です。

ニカラグア↓エルサルバドル↓ホンジュラス

コスタリカを後にしてニカラグア↓エルサルバドル↓ホンジュラスの3国を回り、多くの遺跡を見て回りました。ニカラグアのレオン・ビエホは火山の噴火により廃墟となったスペイン植民都市の遺跡、エルサルバドルのホヤ・デ・セレンは火山の噴火により埋没したマヤ時代の村落跡で中米のポンペイと言われる所、ホンジュラスのコパンはマヤ文明の代表的な都市遺跡で遺跡に建造されたピラミッドに登って行く72段の階段には2500以上のマヤ文字でコパン王朝史が刻まれているとの事です。いずれも世界文化遺産に登録されており、遺跡としての価値は高いのでしょうが、毎日次から次へと遺跡を案内されると、一つ一つがあまり印象に残らないものです。

グアテマラ

次の訪問国はグアテマラです。グアテマラにも前記の三つの国と同様、ティカルやキリグアというマヤ文明の大規模な神殿都市遺跡があります。キリグアには地上高さ7・5mという巨大な石碑があり、その近くで数人の原住民が祭事を行っている光景が印象的でした。

しかしグアテマラで一番印象に残ったのは古代都市アンティグアです。ここは現在の首都グアテマラシティに首都が移転される前の首都で、大聖堂、教会、修道院、時計台等が残されており、見応えがあります。丁度土曜日でセマナ・サンタ祭りが行われており、その祭列を見る事も出来ました。

市中にあるサンフランシスコ教会の中に16世紀から20世紀にかけて発生した大地震の地震波が掲示されていましたが、20～30年おきに大地震が起きているようで日本同様大変です。首都をアンティグアからグアテマラシティに移す時には地震の発生確率を慎重に検討して選考したようです。

ベリーズ

最後の訪問国はベリーズです。ベリーズにもカハル・ペッチのような古代都市遺跡がありますが、この国の見所は何といってもブルーホールです。首都ベリーズシティから33㎞程離れた海岸にある珊瑚礁の中心にあるのが直径300m、深さ125mの鮮やかなブルー色のホールです。ベリーズ・グレート・バリア・リーフ自然保護区として世界自然遺産にも登録されています。6人乗りのセスナ機で空から遊覧し沢山の写真を撮る事が出来ました。私たちは上空からの遊覧でしたが、見下ろすとブルーホールの中に遊覧船が1隻入っており、別の1隻がホールの外側で待機しているように見えます。珊瑚礁保護のため一度に1隻しか入れないのでしょうが、珊瑚礁を間近に見る事が出来るようです。

遊覧飛行後郊外の日本食レストランで昼食を摂っていたら、日本のテレビ局の取材

写真39　ブルーホール

を受けるというハプニングもありました。
19日間に亘る長旅でしたが、珍しい国々を訪問できたと満足しました。

南米

南米には2009、2015、2019年の3回訪問しています。日本からは地球の裏側に位置する所で、アメリカの都市で乗り継ぐために最短でも24時間以上かかります。2回乗り継いで30時間以上かかった事もあります。ただし見所が沢山あるので、長旅を覚悟で出掛けるわけです。その中で印象に残っている所を書いてみます。

ブラジル

最初の訪問地はリオデジャネイロでした。成田からニューヨーク↓サンパウロ経由で到着、この時は自宅を出てからホテル到着まで36時間かかりました。ホテル着後数時間寝た後、夕食が始まったのですが、携帯の時刻セットをミスして、集合時間に15分程遅れました。夕食はブラジル名物のシュラスコ料理で、40種類の肉が出て来ました。サンバショーもありダンサーと組んで踊る事も出来ました。

翌朝は6時に起きてコパカバーナ海岸を散歩し、8時出発でイパネバ海岸↓コパカバーナ海岸をバスから眺望後、ロープウェイでコルコバードの丘に昇り巨大なキリスト像を見物しました。その後「砂糖パン」にも行き、美しい港を眺望します。リオの港はシドニーやサンフランシスコと共に世界三大美港と言われており、後にカリオカの景観として世界遺産にも登録されています。昼食後有名なリオのカーニバル会場にも行ってみました、野球場のようなスタンドが広い道路に沿って作られています。カーニバルの日には、このスタンドが満員の観衆で埋め尽くされるのでしょう。

カーニバル会場を見た後、イグアスに飛びましたが、イグアスの滝については別章で書きましたので、ここでは省略します。

アルゼンチン

アルゼンチンの首都ブエノスアイレスはヨーロッパからの移民が築いた街で南米のパリとも呼ばれる大都市です。いくつかの地区に分かれており、レコレータ地区にはレコレータ墓地、サンニコラス地区にはコロン劇場や美しい本屋、ボカ地区にはカミニート等の見所があります。

レコレータ墓地はアルゼンチンの有名人が永遠の眠りにつく最高級墓地で、彫像や装飾が施された芸術的な墓地です。ペロン元大統領の夫人であるエピータことエヴァ・ペロンの墓碑が有名です。

コロン劇場はパリのオペラ座やミラノのスカラ座と並んで世界三大オペラ座と言われるだけあってなかなか立派な外観です。2019年の再訪時に宿泊したホテルの近くだったので、劇場内部を見たいと思い、フリータイムを利用して訪ねてみたのですが、土曜日でもあり残念ながらその日の内観チケットは売り切れという事でした。

サンニコラス地区にはロンドンに次いで世界で二番目に美しいと言われる本屋があります。昔の劇場を利用した建物という事ですが、2~3階の観覧席がそのまま本の陳列階になっていて1階は広々としたロビーになっています。店内を歩いてみたのですが、残念ながら日本語の本は陳列されていないようです。

カミニートは港に面した街でアルゼンチンタンゴ発祥の地と言われる所です。カラフルな建物が並んでおり、店先や路上でタンゴを踊る人を見る事が出来ます。小さな街ですが、原色の派手な壁や看板を見ていると、はるばるアルゼンチンまで来たのだなという感傷に襲われます。

ペルー

次の訪問国はペルーです。ブエノスアイレスからペルーの首都リマに飛び、パンアメリカンハイウェーをバスで南下してナスカに向かいます。ナスカではセスナ機に分乗して空から地上絵を眺めます。広大な大平原に動物、魚、虫、植物等の巨大な絵が描かれています。年間を通して殆ど雨が降らないという気象条件が1000年以上に亘ってこの絵を保存させているようです。もっとも上の砂を取り除いて白っぽい地面を出す事で描かれているために、風が吹いて白い地面が砂で覆われると絵が隠れてしまうので、箒を持ったメンテマンが各所に配置されているようです。セスナ機に揺られながら懸命にシャッターを切り、ハミングバード（ハチドリ）の絵をカメラに収める事が出来ました。地上絵の解読と保存に人生をかけたマリア・ライへ女史が建造した観測櫓（ミラドール）にも登ってみました。

ナスカの地上絵を見物した夜はリマのホテルに戻り、翌日の早朝便でクスコに向かいます。クスコではアルマス広場に面したレストランで昼食を摂ったのですが、運良く祭りの日で民族

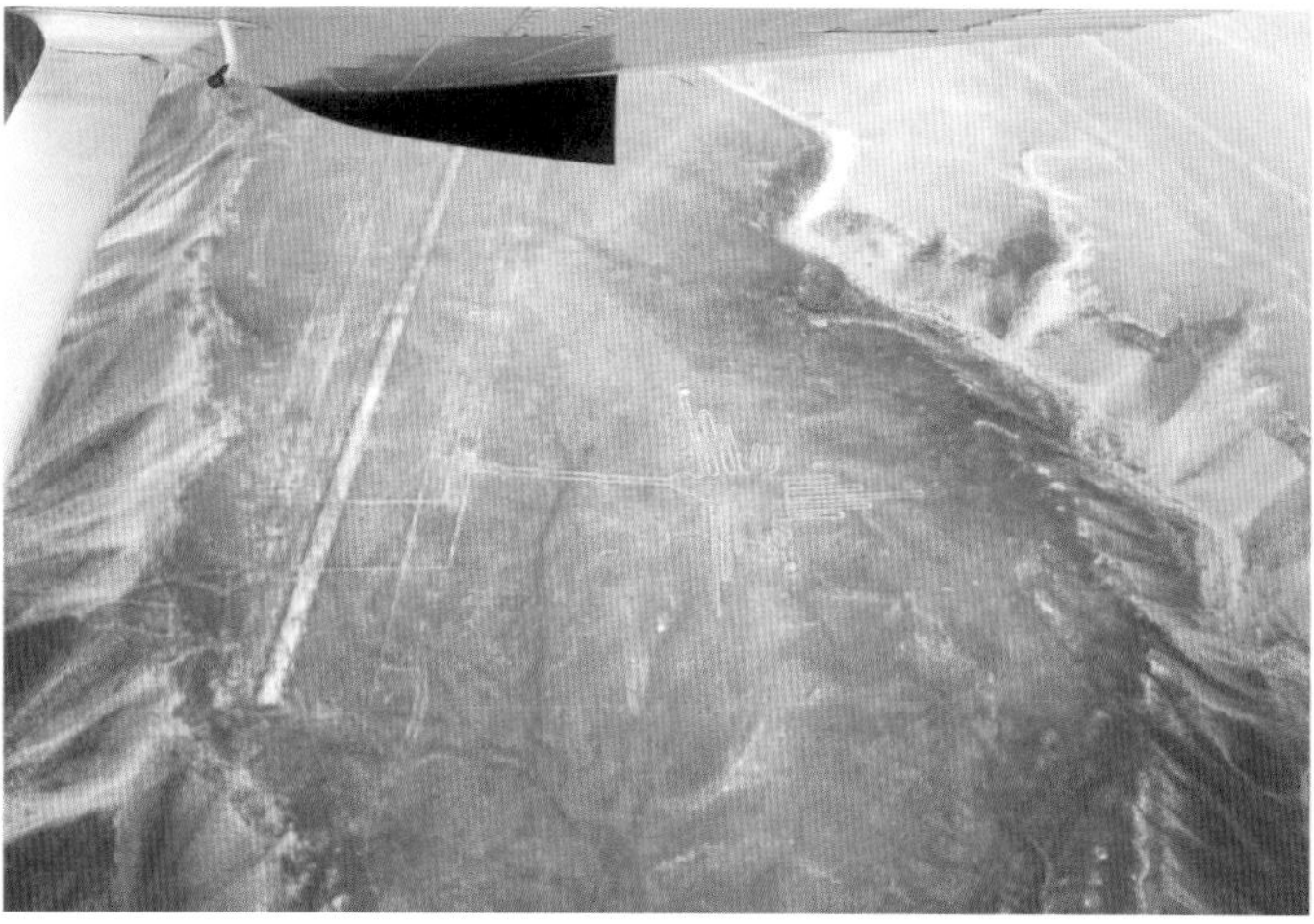

写真40　ナスカの地上絵

衣装を着飾った地元の人の行進を見る事が出来ました。クスコのホテルに1泊した後、翌日の列車でマチュピチュへ向かったのですが、この事は別章に書きました。

マチュピチュを見物した後、一旦クスコに戻り、翌日バスで標高4335mのララヤ峠を越えてチチカカ湖へ向かいます。チチカカ湖は標高3800m程の高地にあるのですが、琵琶湖の12倍とかの広さでトトラという葦が群生しており、住民の多くはこのトトラを積み重ねて作った浮島で生活しています。トトラで作った舟もあり、これに乗って浮島に上陸してみましたが、太陽光パネルで電力を確保し、小型のパラボラアンテナでテレビも見ているようです。

ベネズエラとエクアドル

2015年5月にベネズエラのエンジェルフォールとエクアドルのガラパゴス諸島を回って来ました。両方共以前から狙っていた所ですが、運良く都合のつく日程にこの両方が同時に回れるコースが見つかったのです。この2カ所については世界遺産の章で書きました。

チリ

２０１９年には３回目の南米旅行に出掛けました。今回の旅行の最大のお目当てはチリとアルゼンチンの南緯40度以南に広がるパタゴニア地域見物です。この地域には既に別章で紹介したアルゼンチンの世界遺産ロス・グラシアレス氷河がありますが、チリにはパイネ国立公園があります。

ロス・グラシアレス氷河を見た翌朝、バスで国境を越えてチリのプエルト・ナタレスに向かいます。車窓からはコンドルが飛んでいるのが見え、グアナコの群れが牧草を食んでいる風景等も楽しめます。

パイネ国立公園に近づくと、ゴツゴツとした標高３０００m近い岩峰群が見えてきます。パイネを象徴する3本の岩峰であるトーレです。約１２００万年前に地下から隆起した花崗岩の表面を覆っていた堆積岩が氷河によって取り除かれ今のような姿になったと言われています。

翌日はホテルを早朝に出発してグレイ湖に向かいました。吊り橋を渡って30分程歩くと、奥の山からグレイ湖にはみ出してくるグレイ氷河を遠望する事が出来ます。ロス・グラシアレス氷河を見た後だったのであまり感激しなかったのですが、順番が逆になっていたらさぞ感激しただろうと思いました。

ボリビア

チリを後にして空路ボリビアに向かいます。ボリビアのお目当てはウユニ湖ですが、その前に首都ラパスを訪問しました。ラパスは標高3650mの所にある世界最高所の首都です。丁度10年前にマチュピチュ（2400m）に行く途中のクスコ（3399m）で高山病に罹り一苦労した経験がありますが、今回もウユニ湖（3660m）に行く前にラパスを経由する事になり、同じような条件なので高山病を心配していました。幸い今回はあまりひどい症状は出なかったのですが、同行のツアー客の何人かは体調を崩し、ホテルで酸素ボンベを吸引していた人もいました。

ラパスでは市の中心にあるムリリョ広場を訪れましたが、ここには国会議事堂や大統領官邸が集まっています。国会議事堂の先端に設置されている時計の文字盤が逆になっており（12の右側に11がある）、時計の針も逆方向に進むようになっているのに気付きました。かつてスペインからの独立を勝ち取った際に、スペインへの反抗のため時の大統領がそういう指示をしたとの説明でした。

いよいよウユニ湖訪問です。コルチャニ村というウユニ湖の入り口で塩の採掘・製塩状況を見学した後、一旦塩のホテルにチェックインし昼食と小休止です。ウユニ湖に面した塩のホテルは建物や家具の一部が塩で出来ています。以前ポーランドのヴィエリチカ岩塩坑を訪れた時を思い出していました。

ホテルで小休止した後、午後は長靴に履き替えて4WDに分乗してウユニ湖上を走り、所々で下車して写真撮影です。今回のツアーでは塩のホテルに2泊し、昼の撮影↓夕日撮影↓星空観賞↓宿泊↓朝日撮影↓昼の撮影↓夕日撮影↓星空観賞↓宿泊と数回の撮影機会を用意してくれたのですが、湖面の鏡のような反射が綺麗に撮れるのは、よく晴れている事と風がなくて湖面が波立っていない事という二つの条件が必要です。幸い1日目の夕日時と2日目の朝・昼の3回に亘ってこの条件を満たす幸運に恵まれ良い写真が撮れました。現地ガイドが我々ツアー客16人を湖面に整列させて様々

写真41　ウユニ湖でUYUNIの人文字

なポーズを取らせたり、小道具を用意してトリック写真を撮ってくれたりと至れり尽くせりの配慮をしてくれたお蔭に負うところも大です。ただ、満天の星は素晴らしかったのですが、これを写真に収めるのは至難です。プロのカメラマンなら機材を揃え、特殊な撮影モードを駆使して素晴らしい写真を撮るのでしょうが。

旅の最後はティワナク遺跡見物です。ボリビア西部、チチカカ湖畔南東の標高３８５０ｍの高地にあるインカ帝国以前の都市遺跡です。ティワナク文化は紀元前２００年から紀元後１２００年頃まで続いたようで、ここにはピラミッド神殿、半地下神殿、太陽の門、モノリートと呼ばれる巨大な石像等が点在し、４㎞四方にも及ぶ

写真42　ティワナク遺跡

都市跡が広がっていますが、インカ帝国同様文字を持たない文化だったために謎に包まれたままになっており、発掘も全体の30％程度しか進んでいないようです。石像の右手の指が外側にひっくり返っているのを興味深く眺めました。

アフリカ

アフリカには50近い国があり世界の国の4分の1以上を占めています。どの国も大国アメリカ等と同様、国連で1票の投票権を持っている事に目を付けた中国が近年経済力を武器にアフリカへの影響力を高め、欧米や日本に対抗しようとしているのは周知の通りです。

2007、2012、2017、2020年の4回訪問していますが、訪問国数は僅か8カ国で、行きたい所がまだまだ沢山残っています。

エジプト

エジプトではギザの三大ピラミッド、サッカラーの階段ピラミッド、ダハシュールの屈折ピラミッド、カイロの考古学博物館、アブシンベル神殿、ルクソール等を訪れていますが、後の2カ所については世界遺産の章で紹介しましたので、ここではそれ以外について書いてみます。

首都カイロ近郊のギザ広場にクフ王、カフラー王、メンカウラー王の三大ピラミッドとスフィンクスが建造されており、総称してギザのピラミッドと呼ばれています。クフ王のピラミッドには140m弱の高さの中程に内部に入れる入り口があり、入ってみました。しかし狭い急斜面もあり、前日成田から飛んでくる機中で軽い腰痛を起こしていたため、結構苦労しました。中は壁画が飾られているわけでもなく、石棺が置いてあるわけでもない、ただのポッカリ空間です。

近くにピラミッドに背を向ける格好でスフィンクスが座っています。カフラー王に似せて作ったという説もありますが、鼻が削られ髭が削り取られています。その髭は現在大英博物館にあり、エジプトが長年に亘って返還交渉を行っているようです。

ギザのピラミッドでは毎晩のように音と光のショーが行われています。私たち観光客はホテルから遠望しましたので、音は聞こえませんでしたが、ライトアップされたピラミッドを見る

写真43　ギザのピラミッド

事が出来ました。

ギザの南10㎞程の所にサッカラーの階段ピラミッドやダハシュールの屈折ピラミッドがあり、ギザのピラミッドと共にメンフィスのピラミッド地帯という名称で世界遺産に登録されています。クフ王のピラミッドが紀元前2550年頃の建造、階段ピラミッドが紀元前2650年頃の建造と言われていますので、階段ピラミッドの方が少し古い事になります。こんな昔に巨大な石を150mもの高さにどうやって積み上げたのかは今でも謎に包まれています。

カイロにはエジプト考古学博物館があり、有名なツタンカーメンの黄金のマスクが展示されています。エジプト南部の古代都市テーベにある王家の谷から1922年に発掘されたものですが、こんなに価値の高いものが盗掘もされずによくも残っていたなと感心していました。館内は撮影禁止でしたので眼にしっかり焼き付けた次第です。

モロッコ

2017年の1月に家内と一緒にモロッコツアーに参加しました。モロッコはアフリカ大陸の北西部に位置し、北は地中海、西は大西洋に面しています。日本の約1・2倍の面積を有していますが、国土の中心部を東西に延びたアトラス山脈の南側は砂漠地帯で殆ど人は住んでいません。

アトラス山脈の北側には、マラケシュ、フェズ、ティトワン、メクネスといった古代都市があり、これらの街の旧市街は世界遺産に指定されています。今回はこれら古代都市等と共に首都のラバトやモロッコ最大の経済都市カサブランカを訪ね、アトラス山脈を越えてサハラ砂漠にも行きラクダに乗って砂漠を行く経験も出来ました。印象に残った所を紹介してみます。

◇シャウエン

スペインと対面するジブラルタル海峡から南に１００㎞程の所に青の街と言われるシャウエンがあります。小さな街ですがメディナと呼ばれる旧市街は白壁の迷路になっており、白壁に塗られたブルーのアクセントカラーがメルヘンチックな雰囲気を醸し出しています。世界の観光都市には赤い屋根と白い壁で統一した街並みがいくつかありますが、ブルーで統一した街は初めての経験です。ＵＰ／ＤＯＷＮのある細い迷路の両側には絨毯、金銀細工、革細工の店が並んでおり、アラビア語のスーク（市場）を形成しています。この街の創始者であり守護聖人でもあるシディ・アリ・ベン・ラシッドを祀るモスクにも入ってみました。シャウエン最大と言われる大きなモスクです。

◇ **フェズ**

フェズはモロッコ最初のイスラム王朝の都です。城壁で囲まれた街の中心部メディナには壮大なモスクやイスラム神学校（マドラサ）等があります。フェズの最大の特徴は世界一複雑と言われる迷路です。ツアーですからガイドに案内されてついて歩くだけですが、一人で歩くとたちまち迷子になってしまいそうです。フェズでは民家を訪問してミントティーを味わいました。民家の主人が銀製の茶器で一味違うミントティーを作ってくれます。

メディナ内にはなめし革の染色工場（タンネリ）もあり、屋上から眺めました。陶器で作られた多数の壺の中には、色鮮やかな各種の染材が入れられており、職人がその中に革を入れて足で踏みつけて染色するようです。独特の臭いもしています。

◇ **メクネス**

フェズを見た日の午後、古都メクネスでエル・マンスール門や修復中のムーレイ・イスマイル廟等を見て、ヴォルビリスのローマ遺跡に向かいました。ポンペイの遺跡を小規模にしたようなローマ遺跡で、保存状態が良いので人気の観光地になっており世界遺産にも登録されています。カラカラ帝の凱旋門や巨大なバシリカ礼拝堂を写真に収めた後、水道橋の写真を撮りたいと思って、あちこち回って写真スポットを探していたところ、現地観光客の若い女性に囲まれて一緒に写真に入ってくれないかと頼まれたのです。我々が外国人と一緒に写真に収まりたいと思うのと同様、東洋人の私が珍しかったのでしょう。6人の女性に囲まれて写真に収まりました。私のカメラにも写真を残しました。

◇サハラ砂漠

ヴォルビリスのローマ遺跡を後にしてアトラス山脈を越えてエルフードというサハラ砂漠の玄関口にあたる街へ向かい1泊します。

途中でイフランというアトラス山脈の中腹で標高1650mにある街に寄ってくれました。この街はモロッコというよりヨーロッパのアルペンリゾートという感じの欧風の静かな避暑地で、国王をはじめ政府要人や富豪たちの別荘地だったようです。軽井沢のような雰囲気です。洒落たレストランでコーヒーを楽しみました。

翌日はいよいよお目当てのサハラ砂漠の朝日を見る日です。4時半に起床、朝食抜きで5時

写真44　サハラ砂漠

半にホテルを出て4WD車4台に分乗してサハラ砂漠に着き、ラクダに乗って朝日観光スポットへ向かいます。ラクダに乗るのは初めてで、ちょっとしたコツが要るのですが直ぐ慣れます。予想された風もなく良い天気に恵まれて7時30分頃の日の出を楽しみ、写真もいっぱい撮った後、テント張りの朝食会場で砂漠を眺めながら朝食を摂りました。今回の旅行で一番印象に残ったひと時でした。

◇アイト・ベン・ハッドゥ

サハラ砂漠を見た翌日アイト・ベン・ハッドゥという要塞村を訪ねました。砂漠の中に丘の斜面を利用した要塞が忽然と現れます。難攻不落の要塞と言われ、かつては多数の人が村落を形成したそうですが、今は大部分の人が小川の対岸にある新しい村に移り住み、ここにはベルベル人の5〜6家族だけが土造りの家に住んでいて内部を見せてもらうことも出来ます。

その現実離れしたカスバ（城塞）の集落として世界遺産にも登録されており、『アラビアのロレンス』など数々の映画のロケ地にも使われたそうです。

その日の夕食はモロッコの定番料理のタジン鍋でした。土鍋に円錐形の蓋をして牛肉と共に野菜を蒸し上げるのですが、水を入れないでただ蒸すだけなので、大変美味しい野菜の味が楽しめます。気に入ったので、この土鍋を是非買って帰りたいと思い、モロッコを発つ日にカサブランカ空港で買い求め、帰宅後時々タジン鍋を楽しんでいました。ところが暫くするとタジン鍋から水が漏れるようになったのです。モロッコ製の鍋は水漏れ防止の処理が不十分なようです。ただ、タジン鍋は日本でも買える事を知り、その後も日本製タジン鍋でタジン料理を楽しんでいます。

◇マラケシュ

モロッコの旅も終盤になりました。今日はマラケシュを見て回ります。マラケシュは青の街シャウエン、白壁の街ティトワン、迷宮都市フェズ等と同じ古都ですが、他の都市に比べて格段にエネルギッシュな街です。メディナ（旧市街）は北アフリカ最大規模を誇ると言われています。他の都市と同様、スークと呼ばれる路地の商店街を歩きましたが、幅3m程の細い路地を観光客を含めた沢山の人が行き交い、その間をバ

写真45　マラケシュ

イク、自転車、リヤカー、手押し車等が通り抜ける様は異様です。

街の中心はジャマ・エル・フナ広場と呼ばれる広場で、ここには昼と夜の2回行ってみましたが、夜は屋台が並び大道芸人が芸を披露します。大道芸人にうっかりカメラを向けると法外なチップを要求されると注意されていたので、カメラは使わないようにしました。

マラケシュでの夕食はホテルのレストランだったのですが、残念なことにアルコールが出ません、イスラム教徒はアルコールを禁じられているからです。ホテルやレストランによっては観光客向けにアルコールを出す場合もあるのですが、マラケシュのホテルは厳格にノンアルコールを実施しているようです。

チュニジア

2020年3月初めにチュニジアとアルジェリアの旅に出掛けました。中国で新型コロナが発生しており、日本での感染者発生も報じられていましたので、この時期に海外旅行をするのは些か危険と思いキャンセルする事も考えたのですが、ツアー会社の「チュニジアでは1~2名発生しているが、アルジェリアでの発生はゼロ。飛行機の中は換気が良いので比較的安全」という説明を聞いて、思い切って出掛けた次第です。

参加人員は、当初15人程だったようですが、キャンセルが続発して結局7人に減っていました。全員マスクを付け緊張した面持ちで機内に乗り込んだのですが、この時期にしては機内はそこそこ混んでいました。但し、ツアーを始めてみると、何処を訪ねても観光客が殆どいなくて閑散としており、いつものツアーのように中国人の傍若無人振りに不快な思いをする事もなく快適な旅を続ける事が出来たのはラッキーでした。各地の考古遺跡では人影のいないすっきりした写真を撮る事も出来ました。

◇マトマタ洞窟住居

チュニジアの首都チュニスに到着後、ザグーアンの水道橋や聖都ケロアンを見た後、マトマタの洞窟住居を訪ねました。ベルベル人がアラブ支配から逃れるため山に逃れて穴を掘り住み着いた名残で、今でも50軒程残っているようです。我々は映画『スター・ウォーズ』のロケ地として使用され、現在はバックパッカー用のホテルになっている4軒つないだ洞窟を見物しました。『スター・ウォーズ』の撮影風景写真等が飾られています。その後実際に5人家族で生活しているケンザさんの家も訪ねましたが、円形の中庭の周囲にベッドルーム、キッチン、リビングルーム等の洞窟が数カ所掘られており、電気も来ており、テレビも見られるようです。お茶とパンを振る舞ってくれました。

◇**エルジェムの円形闘技場**

エルジェムの円形闘技場は今回のツアーのハイライトの一つです。2世紀に着工され、3世紀初めに完成した3万5000人を収容できる闘技場で、ローマやヴェローナのコロセウムに次ぐ規模だという事ですが、保存状態が良くローマのコロセウムより多くの建造物が残っています。3階建ての最上階客席まで登り闘技場全景を見渡しました。地下には猛獣を飼っていた檻もあります。

◇**ドゥッガ考古遺跡**

エルジェムを後にしてスース旧市街を見た後、次のハイライト地ドゥッガ考古遺跡に向かいました。ここもローマの都市遺跡ですが、保存状態が良く現在全体の3分の

写真46　エルジェムの円形闘技場

2程が発掘されているようです。マーキュリー神殿、キャピトル神殿、アレクサンデル・セヴェルス凱旋門、風の広場、円形劇場等を見て回りました。円形劇場の先にはローマの穀倉と言われた田園が広がっています。世界遺産にも登録されていますが、羊の散歩道にもなっているようで、羊が立ち上がってオリーブを食べている珍しい光景を見る事が出来ました。

◇バルドー博物館

首都チュニスではメディナと呼ばれる旧市街を見て回った後、バルドー博物館を訪れました。チュニジアではあちこちの博物館で見事なモザイクを見る事が出来ますが、バルドー博物館のモザイクも見事です。特にドゥッガ遺跡から発掘された「オデュッセウストセイレーン」のモザイクは貴重な物だと言われています。ここバルドー博物館では２０１５年に銃乱射事件が発生、日本人３人を含む22人の死者が出たようですが、博物館の屋外にはこの死者を慰霊するモザイク碑が作られていました。チュニジアは元々治安の良さではアフリカ随一と言われていたのですが、ベン・アリ独裁政権が腐敗して崩壊後の２０１１～２０１８年の間は治安が悪化していたようです。

ここで残念な事態が発生しました。参加者の一人のO氏が清掃後の湿った床で足を滑らせて転倒し左肩を脱臼したのです。直ぐに奥様同行でチュニスの病院で治療を受け、たいした事もなく翌日からツアーに再参加されたのですが、怪我をした当日の午後に予定していたカルタゴとシディブ・サイドの見物には参加できませんでした。

カルタゴ遺跡は今回の旅行で最も楽しみにしていた所でO氏夫妻もさぞ残念だったと思います。

◇カルタゴ

カルタゴは首都チュニスの郊外12㎞程の所にあり、紀元前9世紀に建設された後、紀元前3〜紀元前2世紀に3回に亘るポエニ戦争でローマと戦って敗れたのですが、紀元後1世紀にローマの植民地として再興された都市です。添乗員が再興されたカルタゴの想像イラスト図を見せてくれたのですが、ビュルサの丘と呼ばれる中心地の麓に地中海に面して商業港や軍港が建設されており、ローマによる優れた都市計画の様

写真47　カルタゴ遺跡

子を窺うことが出来ます。ビュルサの丘というのは、フェニキアの王女エリッサの機知に富んだ伝説に由来しています。エリッサがこの地に都市を建設しようとした際、現地人から牛の皮（ビュルサ）1枚で覆える土地しか譲れないと言われ、彼女はそれならと、その皮を切り開いて細長い紐を作り、その紐で土地を囲って広い領土を獲得したと言われています。縦横3〜4㎞に及ぶ広大な土地ですからとても牛の皮1枚から作れる紐で囲えるような土地ではないのですが、面白い伝説です。

新型コロナ発生のために我々以外の観光客がいなかったので、人影のいない広々とした遺跡の風景をパノラマ写真に収める事が出来ました。

Ｏ氏とはその後の旅行中も親しくなり、お互いのメールアドレスを交換していたために、帰国後沢山の写真を送ってもらいました。一眼レフで撮影した見事な写真ばかりです。

私からはＯ氏が撮影出来なかったカルタゴとシディブ・サイドの風景を送りました。

そのＯ氏から〝妻と一緒に鎌倉を訪ねたい〟というメールが入ったのです。11月下旬の月曜日10時過ぎに北鎌倉駅でＯ氏夫妻を出迎えて自宅に案内し、Ｏ氏がアルバムに整理した旅行の写真を紹介、小生も世界百カ国アルバムを披露、ここのところ写真クラブに入って熱心に取り組んでいる家内も自作写真をＯ氏に見せてコメントしてもらう等の後、北鎌倉駅近くのイタリアンレストランで昼食後、東慶寺↓浄智寺↓亀ヶ谷戸↓明月院↓円覚寺と回り、楽しい1日を過ごしました。旅仲間とは共通する話題があって話が弾みます。

アルジェリア

チュニジアを後にしてアルジェリアに入りました。アルジェリアでは誘拐防止のために欧米と日本からの観光客のバスにはパトカーの先導が付くという事で、我々のバスもパトカーに先導され、時々サイレンを鳴らしパトライトを点滅させながら走りました。お蔭で渋滞している道路でも優先的に走れるというVIP気分を味わえたのですが、そのパトカーには警察官が3人も乗っており、何とも大袈裟な警護振りです。アルジェリアはギリシャに次いで公務員の数が多いらしく、国民の約半分が公務員と聞きましたが、警察官も暇なのでしょうか。

◇アルジェ

最初の訪問地は首都アルジェです。バスの中で『カスバの女』を聴きながら、世界遺産にも登録されているアルジェのカスバに着きました。細い坂道を歩いたのですが、新型コロナの影響でここも閑散としており、時々白いベールで顔を覆った既婚女性や子供たちとすれ違う程度です。マーケットはそこそこ賑わっていましたが、それでもいつもの半分ぐらいという説明でした。

アルジェの独立記念塔広場で小学生の子供たちに〝コロナ！〟と笑われました。中国・武漢で発生したコロナが世界各地に感染拡大し出した時だったので、中国人と間違われたのです。同行の一人が"Not China,We are Japan!"と応酬したのですが、子供たちに通じたかどうか。

◇**ジェミラ遺跡**

アルジェからコンスタンティーヌへ飛び、バスで移動してジェミラ遺跡を訪ねました。ジェミラの遺跡は3世紀の頃にローマの植民市として様々な建物が建設された考古遺跡で見応えがあります。カラカラ帝の凱旋門、カピトリウム神殿、円形劇場等が残っている貴重な遺跡ですが、背景の山が前夜降った雪を被っていて、綺麗な雪景色と共

写真48　アルジェのカスバ

に晴天に恵まれた素晴らしい景色を楽しむ事も出来ました。トイレの場所も残っていますが、コの字型に10個程の便座が並んでおり下部に排水用の水路も設けられています。近くにある博物館で遺跡の模型も見ましたが、カピトリウム神殿の麓に劇場、住居、広場、市場等が建設されている様子がよく分かりました。

◇ムサブの谷

次の訪問地ムサブの谷は7世紀にイラクにアッバース朝が建国された際に、異端者としてその地を追われたイバート派の人々が辿り着いた砂漠の町です。小高い山全体に茶色の建物が並んでいます。この建物に建築家のコルビジェが魅了されたと言われており、コルビジェは「インスピレーションが枯渇すると、私はムサブへ向かう航空券を買う」と言ったようですが、私にはこの建築の何処が素晴らしいのかよく分かりませんでした。

◇ティパサ考古遺跡

旅の最後はティパサ考古遺跡です。1世紀にローマの属州になった港町でローマ風の建物が建設され、神殿や円形劇場等が残っています。フランスの作家アルベール・カミュが好んだ所と言われておりカミュの石碑も建っています。ここも世界遺産に登録されているのですが、管理状態が良くないとユネスコから指摘され、２００2年に危機遺産になり、２００6年に管理状態が改善されたとして危機遺産から脱するという経緯を辿っています。ところが実際に遺跡内を歩き回ってみるとあちこちにゴミや煙草の吸殻等が散らばっており、決して良い管理状態とは思えません。現地ガイドのチトウさんに「この状態をユネスコがよく認めましたね」と質問したら、「政府がユネスコに賄賂を払って黙らせたのですよ」との説明でした。観光ガイドで生計を立てている人の発言にしては大胆ですが、まんざら冗談ともいえない話です。

ジンバブエ↓ボツワナ↓ザンビア

2012年5月に南部アフリカを回りました。お目当てはビクトリア滝だったのですが、ジンバブエ↓ボツワナ↓ジンバブエ↓ザンビア↓南アフリカと回り、サファリドライブを楽しんだり、ケープタウンの喜望峰を見る事も出来ました。

成田から香港、ヨハネスブルグを経由してジンバブエのビクトリアフォールズ空港に到着します。ここのホテルはビクトリア滝に近くて、ホテルから滝の水煙を遠望する事が出来ます。到着した夕刻に船に乗ってザンベジ川のサンセットクルーズを楽しみました。カバが泳いでいるようですが、薄暗くてよく見えません。このクルーズの見所はザンベジ川に沈む夕日です。

翌日はボツワナに移動し、2台のジープに8人ずつ分乗してチョベ国立公園のサファリドライブを楽しみます。ゾウ、キリン、インパラ、イボイノシシ、サバンナヒヒ、クドウ、アフリカハゲコウ等が自由に歩き回っている珍しい光景を見る事が出来ましたが、お目当てのライオンは残念ながら遂に現れませんでした。

午後はボートに乗ってのザンベジ川ボートサファリです。昨日夕方のサンセットクルーズと同じようなコースを走るのですが、日中なので水辺で遊んでいるカバ、バッファロー、ワニ、イグアナ等を見る事が出来ます。ゾウが川に入って水浴びするという珍しい光景も見ました。


ジンバブエでは猛烈なハイパーインフレを目の当たりにしました。農業システムの崩壊に干ばつが加わって2006年に極度のインフレになり、通貨を3桁切り捨てるデノミをやったのですが収まらず、2009年には遂にジンバブエ・ドルの発行停止に追い込まれたのです。

私たちが訪問した2012年にもハイパーインフレは続いており、クラフトマーケットで木彫りの象を見つけたのですが、ジンバブエ・ドルで示されている値札には、0の数が10個程付いており、直ぐには米ドルに換算出来ません。0の数を数えながら慎重に換算し6ドルと分かって買う事にした次第です。

◇ビクトリア滝
3日目はいよいよビクトリア滝の見物です。ビクトリア滝はジンバブエとザンビアの国境にまたがっており、ジンバブエ側の町ビクトリアフォールズとザンビア側の町リビングストーンの両方から入る事が出来ます。今回は両方のルートに行く事が出来ました。ビクトリア滝の特徴はその落差にあります。大地に出来た割れ目から落差108mを水が垂直に落ちるのですが、丁度水量の多い5月だった事もあり、滝の下から跳ね返って来る猛烈な水しぶきが大雨のごとく降り注ぐので、雨合羽を着た上に傘をさす人もいました。そういうスタイルでビニール袋に入れたカメラを素早く取り出して写真撮影をするのですが、これがまた一苦労です。防水カメラを用意するんだったと悔やんでいました。

ジンバブエ側から観光した後、希望者だけが添乗員に案内されてザンビア側に行く事になりました。ザンビア側はビクトリア滝の上流のため、ザンベジ川の川面が間近に見え、滝に向かって大量の水が流れ落ちる様子がよく分かります。ツアー客15人の内、ザンビア側に行った

写真49　ビクトリア滝

のは3人だけだったのですが、もっと沢山の人が参加すれば良かったのにと思っていました。

ザンビアとジンバブエとの間にはビクトリアフォールズ大橋が架かっており、帰りは徒歩で渡りましたが、橋の上からバンジージャンプをする女性を見かけました。勇敢な女性だと感心しながらジャンプの瞬間にシャッターを切りました。

ホテルに戻りシャワーを浴び、滝のしぶきに濡れた衣服を着替えて昼食を摂った後、午後はヘリに乗っての遊覧飛行です。滝の上100mくらいの所を飛んでくれます。滝の全貌がよく分かり、晴天にも恵まれて良い写真を撮る事が出来ました。いろいろな所でヘリやセスナ機に乗って、観光スポットを空から見る機会が多いのですが、全体が俯瞰出来るのは素晴らしい事です。

南アフリカ

最後の訪問国は南アフリカです。ヨハネスブルグとケープタウンを訪ねました。南アフリカの首都機能は三つに分かれており、行政府がプレトリア、立法府がケープタウン、司法府がブルームフォンテンに置かれているようですが、一番大きな都市は経済活動の中心地ヨハネスブルグです。

◇ヨハネスブルグ

ヨハネスブルグではマンデラハウス、ヘクター・ピーターソン博物館、アンクル・トムホール等を見て回りました。翌日には郊外のライオンパークを訪れて子供のライオンに触ってみた後、スタークフォンテン洞窟を訪れました。洞窟に入る事は出来ませんでしたが、洞窟の入り口近くにビジターセンターが併設されており、ここで発見された215万年前の類人猿の頭蓋骨のレプリカが展示されています。ミセス・プレスと名付けられており、215万歳と表示されています。本物は首都プレトリアの博物館に保管されているようです。人類発祥の地に相応しい見所です。

◇ケープタウンと喜望峰

最後の訪問地はケープタウンと喜望峰です。ケープタウンではテーブルマウンテンが有名で、我々もロープウェイで昇ってみたのですが、生憎の曇天であまり見晴らしは良くありませんでした。沖合にはロベン島があり、船で渡る事が出来ます。マンデラ元大統領が政治犯として収容されていた所で、今は負の世界遺産に登録され観光地になっています。アパルトヘイトに抵抗してマンデラと共に戦った、かつてのテロリストと自称する黒人がガイドとして案内してくれました。その後観光船に乗ってボルダービーチに行き、オットセイやペンギンを見た後、最終の訪問地喜望峰を訪ねました。ケーブルカーと徒歩で頂上の灯台付近まで登ったのですが、好天に恵まれ絶景を楽しみました。バスコ・ダ・ガマ始め多くの航海者が苦労してこの沖合を通過したのかと思うと感慨無量です。シドニー・シェルドンによる英会話のテキストに“The Chase”というのがあって、主人公が金の採掘を目指し、イカダを使ってこの喜望峰から命がけで上陸するくだりがありますが、その話も思い出していました。喜望峰を訪ねたという証明書を発行してもらって帰国の途につきました。

写真50　喜望峰

中東

中東の概念は明確ではないようですが、トルコからイラン、イラク辺りまでの地域を指すようです。トルコ、ヨルダン、イスラエル、パレスチナ、アラブ首長国連邦、カタール等を訪問していますが、機会があればサウジアラビアやイランにも行ってみたいところです。

トルコ

トルコはヨーロッパとアジアにまたがる所にある文明の交差点と言われる国で、歴史的史跡と自然遺産の両面で見所の多い国です。また日本との関係では、１８９０年にトルコ使節団の船が和歌山県串本沖で台風で遭難した際の串本の住民の献身的な救助活動もあり、日本に対する印象は非常に良いようです。２００７年に訪れましたが印象に残っている所を書いてみます。

◇イスタンブール

トルコの首都はカラチですが、イスタンブールの方が大都市で観光資源にも恵まれています。

イスタンブールはボスポラス海峡を挟んで西側がヨーロッパサイド、東側がアジアサイドに分かれていますが、ボスポラス海峡をクルーズすると、両岸の景色が素晴らしく、特に西側のヨーロッパサイドではブルーモスク等の寺院を眺める事が出来ます。この船上で修学旅行中の小学生グループに出会いましたが、我々が日本人だと知ると、〝ジャポン、ジャポン〟と言って声をかけてきました。前述した通り、トルコの使節団が1890年にエルトゥールル号で来日し和歌山県串本沖で遭難した際に、串本の住民が不眠不休で遭難者の救助に当たった事がトルコの小学校の教科書に載っている由で、日本に親近感を持っているようです。

　ブルーモスクというイスラム教の教会とアヤソフィアというキリスト教会をイスラ

写真51　イスタンブール

ム教モスクに改修した建物が向かい合って建っています。正に東西文明の交差点です。トプカプ宮殿にも行ってみましたが、ここはオスマン時代に歴代のスルタン（皇帝）が住んでいた所で、豪華な装飾に飾られた内部には驚くほど豪奢な宝物が展示されています。

◇トロイの遺跡

トロイの遺跡は紀元前3000年頃の都市遺跡でホメロスの叙事詩で有名です。徒歩で1時間程で回れる広さですが、これは未だ遺跡の一部しか発掘されていないためで、周りの平原には広大な都市跡が眠っているとの事です。トロイの木馬が再現されており、階段で上まで上る事が出来ます。

◇エフェソス都市遺跡

エフェソスの歴史は紀元前10世紀頃まで遡れるようですが、保存状態の良いローマ遺跡で今でも壮大な都市跡を偲ぶ事が出来ます。ヘラクレスの門、ケルスス図書館、円形大劇場・小劇場等が広い敷地内に点在しており、ここの風景はトルコリラ紙幣にも使われています。訪問した2007年時点では未だ世界遺産に登録されていなくて不思議に思っていたのですが、2015年に登録されたようです。極めて価値の大きな遺産だと思います。

◇パムッカレの石灰棚

パムッカレは紀元前より保養地として栄えたトルコ有数の温泉リゾートです。純白の丘陵に何カ所も温泉が湧き出ており、炭酸カルシウムが含まれているため淡青色をしています。靴を脱いで足湯を楽しむ事が出来る所もありますが、35℃くらいであまり熱くはありません。この石灰棚に隣接してここにもヒエラポリスという古代都市跡が残っています。1万2000人を収容したという大きなローマ劇場を見る事が出来ました。

◇カッパドキア

トルコと言えばカッパドキアと言われるくらい有名な所です。通常の旅行者が移動するエリアだけでも東西南北それぞれ100㎞に及ぶという広大な場所にキノコ状の奇岩が林立する峡

写真52　パムッカレの石灰棚

谷で、岩をくり抜いて多くの洞窟教会や一般住居が作られています。何処を撮っても良い写真になりそうですが、洞窟住居が一番密集したアングルを狙いカメラに収めました。

この日の昼食会場は洞窟レストランでした。洞窟をくり抜いて広いフロアーが作られており、その中にいくつかの中華料理屋風の丸テーブルが置かれていました。よく覚えていませんがトルコ料理を食べたのではないかと思っています。

トルコでは各地をバスで移動するのですが、途中でキャラバンサライと称する隊商宿の内外を見物したり、シルクロードの様子を見る事も出来ました。

ヨルダン

２０１４年の正月早々にヨルダン↓イスラエル↓パレスチナ↓ドバイのツアーに参加しました。ヨルダンから書いてみます。

◇ペトラ

ヨルダンの見所は何と言ってもペトラです。２５００年前にナバテア人によって建設された隊商都市で、総面積約９００㎢の山岳地帯に遺跡が点在しており、現在未だ全体の１％程しか発掘されていないようです。

今回は先ずリトルペトラを訪れました。小学生と思われる小さな子供5人が歌を歌いながら出迎えてくれました。ペトラ遺跡程の規模はないのですが、紀元前1世紀に造られたという岩窟居住跡が数カ所あり、中を覗くと寝室の他に皆が集まって食事をする場所も確保されています。食事場所は古来大切な所だった事がよく分かります。

翌日はいよいよペトラ遺跡の見物でエル・ハズネを訪れました。スイークと呼ばれる切り立った岸壁の間の細い道を抜けると突然現れるエル・ハズネの壮大な彫刻には感激しました。埋葬跡が発見された事から墳墓と推測されているようですが、切り立った岸壁には用水路や貯水施設も造られており、この地帯は住居としても使われていたようです。映画『インディ・ジョーンズ』のロケ地としても有名です。エ

写真53　ペトラ遺跡

ル・ハズネの奥にはローマ帝国の支配下に入った2世紀以降に建設された円形劇場や列柱を備えた大通り等も発掘されています。

ペトラの砂はきめが細かいので、瓶の中に各色の砂を入れて絵柄や字を作り上げるサンドボトルという土産物を作って売っています。「日本の文字も作れるか」と聞いたところ、「字を書いてくれたら作れる」との返事でしたので、ラクダの絵柄に孫娘2人の名前をひらがなで付け加えたものを作ってくれるよう頼みました。30分程かかるとの事でしたので、帰りに立ち寄って受け取ったのですが、なかなかの出来栄えで良い土産物になりました。

そこから更に約900段の階段を上るとエド・ディルと称する修道院跡に辿り着きますが、ここもエル・ハズネに劣らない壮大な彫刻です。

帰りはローマ時代に作られたモザイク跡や王家の墓等も見て回り、この日は数時間かけて20km近く歩いた事になります。比較的健脚向きのコースなので、ツアー客の中にはエル・ハズネだけを見て、エド・ディル観光をパスした人もいました。

◇死海

ヨルダンでのお目当てに死海での浮遊体験があります。海抜マイナス400mの地点に塩分濃度30％（通常の海水は塩分濃度約3％）と言われる湖が形成されており、奇妙な浮遊体験を楽しむ事が出来ました。泳いでみようとしましたが、浮力が強すぎて上手く泳げませんでした。

現地ガイドからボーリングの球も浮いたという ちょっと信じられない話も聞きました。

ただ近年は毎年3フィート（約0・9m）以上水位が減少するという危機的状況に陥っている由です。死海の水源であるヨルダン川は農業の盛んなイスラエルの灌漑源でもある上に、近年工場も増えてきて大量の取水が行われているのが原因のようです。工場からの排水を浄化して川に戻すリサイクルがどの程度普及しているのでしょうか。日本でも古くから水利権を巡る集落間の争いがありますが、陸続きで国境を接していると水利権問題も国家間の問題となります。

因みに、今回の旅行ではヨルダンのペトラで2泊、イスラエルのエルサレムで2泊したのですが、ペトラのホテルはシャワーのみで湯船はなし、エルサレムのホテルには湯船はありましたが、水栓が置いておらず、湯をためる事が出来ないという有様でした。添乗員の説明によるとエルサレムでは湯船に水栓を置くのは法律で禁じられているとか。水を無駄遣いしないための施策らしいのですが、何とも味気ない入浴で、湯船にたっぷりお湯を張って体を温める事が出来る日本での生活が如何に贅沢なものかと改めて認識した次第です。

イスラエル

イスラエルは一度は訪れてみたいと思っていた国ですが、紛争に明け暮れる地域で、外務省からしばしば渡航注意や禁止のアナウンスがされる地域でもあります。今回は幸い平穏な時期を選ぶ事が出来ました。

イスラエル最大の都市エルサレムはユダヤ教、キリスト教、イスラム教という三つの宗教にとって極めて重要な意味を持つ聖地ですが、その帰属を巡ってイスラエルとパレスチナが長年に亘る紛争を続けています。第一次中東戦争によってエルサレムは東西に分割され、旧市街の東エルサレムはヨルダン領、新市街の西エルサレムはイスラエル領となり、その後第三次中東戦争以降は市全体をイスラエルが実効支配しているというややこしい地域です。

イスラエル政府は第三次中東戦争以降イスラエルの首都はエルサレムだと主張していますが、国連決議ではエルサレムは国連の永久信託統治都市で、イスラエルの首都はテルアビブという事になっています。このため日本を含めて各国の大使館はテルアビブにあります。ところが２０１７年12月に米国のトランプ大統領が突然イスラエルの首都はエルサレムであると宣言し、２０１８年5月にアメリカ大使館をテルアビブからエルサレムに移転しました。

アメリカではユダヤ系の住民が政治に強い影響力を持っており、トランプ大統領もユダヤ系住民を支持基盤の一つにしているために、国連決議を無視したこのような暴挙に出たのですが、中東問題はますます混迷を深めています。

イスラエルとパレスチナの紛争はこの先も永遠に続くという説もありますが、エルサレムの帰属については、今回案内してくれた現地ガイドのSさんから「西エルサレムをイスラエル領、東エルサレムをパレスチナ領とする和平案が一部で検討されており、現実的だと思っている」という話を聞き、強く興味を持ちました。ユダヤ教の聖地である〝嘆きの壁〟が東エルサレムにあるので、あまり実現性はないと思いますが。

こうした情勢のために、旧市街は世界遺産に登録されてはいるものの、イスラエルからの登録ではなく、例外的にヨルダンからの登録になっており、遺産保有国が唯一実在しないケースになっています。

今回の旅行では2日程かけて旧市街を観光し、イスラムの預言者ムハンマドが昇天した場所とされる〝岩のドーム〟、ユダヤ教の聖地〝嘆きの壁〟、キリストが死刑判決を受けたピラトの官邸から実際に処刑されたゴルゴダの丘までの行進路であるヴィア・ドロローサ（悲しみの道）等を見て回りました。

写真54　嘆きの壁

宗教には常日頃あまり関心がなく過ごしていますが、各場所で熱心に祈りを捧げる各教徒を見て、宗教の持つ影響力の大きさを改めて感じました。

なお、Sさんは日本人で35年程前からイスラエルに居住していて、ツアー客の「イスラエルに来た目的は？」との質問に「イスラエル学を勉強したかったから」と答えていましたが、すっかりイスラエルに精通しており、深みのある説明を聞く事が出来たのは幸いでした。ユダヤ教徒は豚を食べないのと同様、鱗のない魚類（貝、イカ、タコ、カニ、エビ、ウナギ等）は食べないようです。Sさんも「イスラエルでの生活は快適だが、カニやエビが手に入らないのは不自由。日本に帰った時にはカニやエビを思い切り食べる」と話していました。食べ物に宗教的制約のない私たち日本人は幸せだと思います。

パレスチナ

エルサレムを見た後パレスチナのベツレヘムに移動し、短時間でしたが聖誕教会を見物しました。この教会はキリストが誕生したとされる洞穴の上に３３９年に建設され、６世紀の火災で一旦失われた後再建されたものです。〝イエス生誕の地：ベツレヘムの聖誕教会と巡礼路〟として世界遺産にも登録されていますが、通常の登録プロセスではなく、〝緊急の保護を要する物件（危機遺産）〟としてパレスチナから申請されました。しかしながら、そもそもパレスチナがユネスコに加盟する事自体にイスラエルやアメリカからの強い反発があり、世界遺産委員会での秘密投票によって辛うじて登録が認められたという経緯があるようです。教会の地下にはイエスが誕生した場所を示す14角の星印があり、その隣には生まれて間もないイエスが眠っていたとされる飼葉桶が置かれており、熱心な信者が床に跪いて祈りを捧げていました。ベツレヘムはパレスチナ暫定自治政府が統治するヨルダン川西岸地区に位置していますが、パレスチナ暫定自治政府は２０１２年に国連からオブザーバー国家として認定された準国家です。私たちが訪れた日はパレスチナ暫定自治政府のアッバス議長がベツレヘムを訪問する前日で、訪問場所にはアッバス議長とアラファト前議長の写真が並んで飾られていました。街は厳重な警戒下にありましたが、警備にあたっている警官はパレスチナ警察ではなく、イスラエル警察に所属していると聞きました。何とも複雑な話です。

アラブ首長国連邦

ヨルダン、イスラエル、パレスチナを訪ねた後、アラブ首長国連邦（ＵＡＥ）のドバイに寄り、１日の観光を楽しみました。ドバイには全高８２８ｍのバージュカリファという世界一高いビルが聳えていますが、その展望台に上るとドバイ市街が一望出来ます。このビルは建設途中でドバイ危機に見舞われて資金難に陥り、同じＵＡＥのアブダビの支援で漸く完成したようです。この為、ビルの名前も当初はバージュドバイだったのですが、アブダビの首長シェイク・カリファに敬意を表してバージュカリファに変更されたとの事です。ドバイではこの他、世界一大きいと言われるショッピングモールであるドバイモールやその中に作られている世界一開口部の大きいドバイ水族館等を見物しました。兎に角世界一の好きな国です。

もっとも、噂によるとクエート、サウジアラビア、バーレーン等の中東諸国で2000m前後のビル建設が計画されているようで、バージュカリファが世界一の座を失うのも時間の問題かも知れません。

カタール

2013年のコーカサス3国訪問時にカタールにも立ち寄りました。先ず、案内されたのがドーハのアルアリスタジアムです。ここは1993

写真55　バージュカリファ

年のワールドカップのアジア地区最終予選で試合終了間際まで日本がイラクを2－1でリードし、初の本選出場に大手をかけていたにもかかわらず、ロスタイムにイラクに同点ゴールを決められ予選敗退した結末が〝ドーハの悲劇〟として語り継がれている所です。試合のない日でがらんとしているスタジアムを眺めるだけの訪問でしたが、ゴールポスト付近に立ち、三浦、中山、井原選手等の無念な思いを想像していました。

カタールでは、この他にラクダ市場を訪問しました。これといった見所のないカタールの訪問地選定にツアー会社も苦労したようです。

アジア

アジア諸国の内、ネパール、中央アジア、タイ、シンガポール等については別の章で書いていますので、ここではそれ以外の国について書いてみます。

中国

◇万里の長城

中国の内、旧満州については我がルーツの地として最初の章で書きましたので、ここでは旧満州以外を書いてみます。

中国の名所は何といっても万里の長城です。匈奴のような北方異民族の侵攻を迎撃するために、紀元前214年に始皇帝によって建設が始まりその後いくつかの王朝によって修築と移転が繰り返されてきたものです。東端の渤海湾に近い山海関から西端の嘉峪関までの全長6000㎞も続く壮大なもので、宇宙から見える唯一の構造物だと言われてきました。その後宇宙飛行士が、肉眼では見えず望遠レンズカメラで辛うじて撮影出来たと証言したようですが。

私たちツアー客は北京郊外の入り口から八達嶺頂上までの往復を約1時間かけて歩き、長城の一端を体験しました。

◇兵馬俑

第二の名所は兵馬俑です。西安の北東にある始皇帝陵の近くで1974年に井戸掘り中の楊志発という名前の農夫が発見したもので、20世紀考古学史上最大の発見と言われています。総面積20000㎡程の所に1号坑（6000体）、2号坑（1300体）、3号坑（68体）と合計8000体程の兵隊像、馬や戦車の像と共に青銅の剣、弓矢、小刀、矛、装飾品等も発掘されています。万里の長城もそうですが、中国人は壮大な事をやるものだと感心しながら眺めていました。帰りがけに土産物屋に立ち寄ったら、発見者の楊志発さんが『秦始皇陵兵馬俑』とい

写真56　万里の長城

う本を売っていました。日本語だったのと表紙裏に楊志発さんのサインが入っていたので記念に購入し、楊志発さん（当時73歳）と一緒に記念写真を撮りました。

中国には世界遺産が56カ所あり、前記の2カ所の他に、北京と瀋陽の故宮、天壇、頤和園、蘇州の園林等も訪問しましたが、殆ど印象に残っていません。日本の名所と似たような感じで新鮮さがないからでしょうか。

ベトナム

2013年はアジア中心の旅を計画し、1月にベトナムとカンボジア、3月にスリランカとインド、5月にミャンマー、ラオス、フィリピン、インドネシアの諸国を回りました。

ベトナムでは首都ハノイとバッチャン村を見

写真57　兵馬俑で楊さん（左）と

た後、ハロン湾をクルーズしました。

バッチャン村は日本人にはあまり馴染みがない村ですが、石材の工芸店や陶器店が並んでおり、村の中をバイクが走り回っています。バイクは殆ど日本製でホンダ、スズキ、ヤマハ製ですが、ここではバイクは全て〝ホンダ〟と呼ばれています。

ハロン湾はベトナム随一の観光スポットで世界遺産にも登録されています。海面から石灰石の奇岩が数千も突き出し、山水画のような風景が広がっています。湾の中には海上生活者が住んでいる家も浮かんでいたり、小舟がクルーズ船に寄ってきて果物を売り込んで来たりします。

カンボジア

カンボジアの見所は何といってもアンコールワットです。12世紀にヒンドゥー教寺院として建造され、16世紀に仏教寺院に改修されています。1860年にフランス人が密林に埋もれたこの寺院を発見したと言われていますが、実際にはその200年前に日本人も足を踏み入れているようです。

寺院の四方は堀に囲まれており、東西に作られている土手の参道を渡って入場する事になります。我々ツアー客は朝早く東参道から入場し日の出を眺めた後、寺院内部を一巡して西参道から退出しました。寺院の壁には様々な彫刻が刻まれており、ガイドが熱心に説明してくれました。

スリランカ

スリランカは以前はセイロンと呼ばれていた国です。インドの東側に位置する小さな島国ですが、沢山の世界遺産を有しており、今回の旅行でも聖地アヌダーラブラ、シギリア・ロック、ポロンアルワの古代都市、タンブッラの黄金寺院、聖地キャンディ等を訪れました。

一番の見所はシギリア・ロックです。バスがシギリア・ロックに近づくと、ジャングルの中に巨大な岩山が見えてきます。この岩山を中心に5世紀の後半に古代都市が築かれたのです。岩山の麓にライオンの巨大な足先が建造されており、ここから入場

写真58　アンコールワット

して急激な岩肌に沿って作られた階段を上って頂上に辿り着きます。階段の途中には色鮮やかな美女の壁画が描かれており、シギリア・レディと呼ばれています。1500年前に描かれた壁画にしては、綺麗な色彩で残っているのが驚きです。頂上はほぼフラットな広場になっており、ここに宮殿が建造されていたようですが、今は石垣しか残っていません。広場のあちこちを歩き回り、眼下のシギリア古代都市跡を眺めました。

スリランカのもう一つの見所は聖地キャンディです。事実上の首都であるコロンボの東北約50㎞の所にある古都で、最もスリランカらしい街と言われています。街の中心にキャンディ湖が作られており、周囲に

写真59　シギリア・ロック

は豊かな自然が広がっています。街には仏陀の歯、仏歯を祀る仏歯寺があり、沢山の教徒が訪れて仏歯が祀られている本堂に向かって手を合わせています。我々ツアー客は本堂付近には近づけませんでした。仏歯が公開される儀式もあるようですが、仏歯そのものを見る事は出来ず、仏歯の入った金属の豪華な小箱が公開されるだけのようです。

キャンディではキャンディ・ダンスを観る機会もありました。10人程の踊り手が舞台でブージャの踊り、マユラの踊り、ラバンの踊り等を踊ってくれます。火渡りの儀式も見ました、燃えさかる炭火の上を裸足の男が走る儀式です、どういう足の裏をしているのでしょう。

インド

スリランカからインドに移動します。

インドは紀元前２６００年頃のインダス文明に端を発する長い歴史を持つ国で、現在も13億人を超える人口を有する大国です。世界遺産も約40保有しており見所は沢山あります。今回のツアーではその内の7カ所を訪問出来ました。その中でタージ・マハルとジャンタル・マンタル天文台について書いてみます。

タージ・マハルはインドの最大観光地です。ムガル帝国の第5代皇帝シャー・ジャハーンが愛妃のために22年の歳月をかけて建てた白大理石の世界一豪華な墓です。正門をくぐると池を中心に左右対称な廟が姿を現します。訪問した日が土曜日だったこともありもの凄い人出です。廟の中は満員電車以上の混みようでしたので、何を見たのか記憶にありませんが、白大理石廟の外観の素晴らしさは記念写真からも思い出されます。

首都デリーの南西270km程のジャイプルに世界遺産にも登録されているジャンタル・マンタル天文台があります。ジャンタル・マンタルというのは〝計測する機器〟という意味で、インド全土に5カ所建設されたようですが、ジャイプルの天文台が規模最大です。天体望遠鏡等が発明される前の1730年頃に裸眼で星の動きを観測す

写真60　タージ・マハル

るのを目的に当時の最新技術で建設されたものです。広大な広場に高さ27・4mの日時計、太陽を観測する観測機、星や惑星の位置を図る観測機等が建設されています。科学技術の発展段階を示すという意味で珍しい世界遺産です。

ミャンマー

2013年5月にミャンマー、ラオス、フィリピン、インドネシアの東南アジア4カ国を回る一人旅に出ました。

最初の訪問国はミャンマーです。以前は映画『ビルマの竪琴』で、今はアウンサンスーチー女史で馴染みになっている国です。2021年には軍隊によるクーデターも発生しています。

成田からバンコック経由でヤンゴンに入ります。ここは旧国名のビルマ時代にはラングーンと呼ばれていた所です。かつてのミャンマーの首都で、2006年に首都がネーピードーに遷都された後もミャンマー最大の都市です。タクシーをチャーターしてミャンマー最大の聖地シュエダゴン・パヤーやチャウター・パヤー等を見て回りましたが、何処へ行っても金ピカの仏塔（パヤー）があり、巨大な仏様の座像や寝像が設置されているところは、同じ仏教国のタイに似ています。同じ仏教寺院でも日本の寺とは内外の様子が全く違います。

ラオス

ヤンゴンからタイのバンコックを経由してラオスのルアンパバーンに入りました。ここは14世紀にラオス初の統一国家ランサン王国が誕生した時の都だった所で、16世紀に首都がビエンチャンに移った後もラオス有数の都市として賑わっています。目抜き通りには古民家が建ち並んでおり、食事処、土産物屋、両替所等になっています。埼玉県川越の旧市街に来たような感じがしました。街全体が〝古都ルアンパバーン〟として世界遺産に登録されており、ワット・シェントーンという何層にも重なった屋根を持つ有名な仏教寺院があります。街はメコン川に並行して作られており、プーシーの丘と呼ばれる高台に登ると市内全体の状態がよく分かります。メコン川は有名な大河で、遊覧船で上り下りする事も出来るようでしたが、川全体が土壌の関係で泥色に淀んでおり、あまり良い感じがしなかったのでクルーズは止めにし、川沿いの道を歩くだけにしました。歩いていると地元の人から、「ココナツの実が落ちて来る事があるから注意するように」と助言されました。上を見上げると大木にココナツの実がついています。あの硬いココナツの実が頭に落ちてきたら大変なことになると思い、注意しながら歩きました。

ルアンパバーンはラオスの中でもとりわけ信仰心の篤い街で、毎日朝の5時前から僧侶たちは托鉢に出るようで、人々は道端に座ってもち米ご飯を僧侶に寄進するようです。ガイドブックでその事は知っていたのですが、旅の疲れもあり早起きできなかったので、見過ごしました。

フィリピン

3番目の訪問国はフィリピンです。マニラのホテルに1泊して市内を見て回りました。太平洋戦争中に日本憲兵隊の本部が置かれていたというサンチャゴ要塞や世界遺産に登録されているサン・アグスティン教会等です。教会では丁度結婚式を挙げているところでしたが、フィリピンの富裕層は結婚式に莫大な費用をかけるようです。あまり見所がなく、時間を持て余したので、タクシーに頼んでマニラ湾に回ってみる事にしました。丁度学生対抗のボートレースが開催されていて、多くの学生チームが沖から応援する風景が面白くて暫く見とれていました。

インドネシア

最後の訪問国はインドネシアです。マニラからジャカルタを経由してジョグジャカルタに入り、世界遺産のプランバナンやボロブドゥールの寺院遺跡を見て回りました。

ボロブドゥールの寺院遺跡は見応えがあります。8~9世紀に建造された世界最大級の仏教寺院で、長い間密林に覆われていたのを19世紀前半に発見され、国際的な援助を受けて修復された由です。115m四方の基壇の上に5層の方形壇、その上に3層の円形壇が重なり、頂上には釣鐘形のストゥーパが聳えています。方形壇の第一回廊と呼ばれる回廊の壁面にはブッダの生涯が描かれています。これを見ている途中に、中学生くらいの現地の子供から「英語を話せますか」という質問を受けました。「はい、少しは」と答えると盛んに英語で話しかけて来ます。遺跡を回っている間に、こういう経験を2度したのです、恐らく学校で先生から〝観光地に行ったら外国人と英語で話す機会を作りなさい〟と言われているのではないでしょうか。子供に英語力をつけさせようというインドネシアの考え方ではないかと推測しました。

インドネシアの主教はイスラム教ですが、そのため空港にもPray Roomと称する祈りの部屋が用意されていて、信者が跪いて熱心に祈っています。イスラム教徒は1日に4~5回祈りをすると聞いていますので、祈りの場所があちこちに必要なのでしょう。

写真61　ボロブドゥール

近年、日本の企業でもインドネシア人を雇用している所が多くて、そういう企業を訪問すると、Pray Roomを用意していたり、従業員食堂のメニューにハラル料理を加えているケースを時々見かけますが、イスラム教徒の信仰心には驚くばかりです。

モンゴル

職場の同僚に製菓会社出身のT氏がいます。彼は製菓会社の研究室で長年細菌の研究に従事し、退職後の現在でも学会活動を続けているようです。特にモンゴルには研究仲間がおり、共同研究のため年に2～3回はモンゴルに行っています。

ある時T氏に「モンゴルに行く機会があれば私も同行させてくれないか」と頼んだところ、快諾してくれて2019年8月にモンゴル行きが実現しました。

4泊5日の短期旅行だったのですが、T氏の研究仲間であるO嬢がガイド兼通訳兼ドライバーを務めてくれて快適な旅を経験する事が出来ました。

その時に初めて知ったのですが、かつて日本はモンゴルと戦い敗れた事があったのです。1939年に満州国がモンゴルとの国境付近で引き起こしたノモンハン事件です。当時モンゴルはソ連と軍事同盟を結んでいたために、関東軍はモンゴル・ソ連連合軍と戦う事になり、ソ連の近代的な重火器に圧倒されて大敗したのです。ウランバートル郊外にあるダンバダルジャー僧院には敗戦後モンゴルに抑留されて死亡した関東軍兵士を祀った日本人霊堂や日本人墓地がありました。

ウランバートルに４泊し、ガンダン寺、ボクド・ハーン宮殿博物館、モンゴル民族博物館、戦勝記念碑の建つザイサン・トルゴイ、政府宮殿があるスフバートル広場等を見て回りました。モンゴルの英雄はチンギス・ハーンですが、モンゴル革命の指導者であるスフバートルも英雄のようです。

Ｔ氏が研究仲間の大学教授と会いたいというのでモンゴル総合大学にも行きました。生憎教授が不在で会うことが出来ませんでしたが、モンゴル総合大学は最近の日本の大学と同様の高層ビルになっており、大学というよりオフィスビルのような感じがしました。

カラコルムはかつてモンゴル帝国の首都だった所で、現在はハラホリンと呼ばれています。ここにはエルデニ・ゾーと呼ばれる仏教大寺院があり、世界遺産にも登録されています。１０８個の卒塔婆（ソトゥーパ）と外壁に囲まれた４００ｍ四方の広い境内に16世紀に建設された沢山の伽藍や付

写真62　エルデニ・ゾー

属の建物が並んでおり、モンゴル帝国の繁栄を偲ばせています。

カラコルムからウランバートルに戻る途中でゲルにも立ち寄る事が出来ました。実際に老夫婦が住んでいる民家で二つのテントが建てられており、一つは台所兼食堂、もう一つが居間兼寝室となっています。発電用の太陽光パネルとテレビアンテナも設置されています。水は近くの井戸でくみ上げているようです。老夫婦の２人住まいですが、１００m程離れた隣のゲルに息子一家が住んでおり、買い物等は息子夫婦が車でやってくれるということでした。私たちが訪ねた時は丁度孫が遊びに来ており居間でテレビを観ていました。日本でもよく見かける日常風景です。

翌日私は帰国したのですが、T氏は研究仲間と会うという事で、暫くモンゴルに滞在したようです。

オセアニア

オーストラリアとニュージーランドを含むポリネシア、ニューギニアやフィジー等のメラネシア、パラオやキリバス等のミクロネシアの3地域に位置する14カ国を総称してオセアニアと呼びます。

２０１７年8月にオーストラリアとニュージーランドの一人旅に出掛けました。

オーストラリア

シドニー経由でエアーズロック→ケアンズ→シドニーと回りました。シドニー以外は初めての訪問です。エアーズロックについては別の章で書きましたので、ここではケアンズとシドニーについて書きます。

◇ケアンズ

エアーズロックを見た後エアーズロック空港からケアンズに飛び、ホテルにチェックインしようとしたのですが、未だ18時頃だというのにホテルのドアが閉まっているのです。玄関チャイムを押したり、電話を掛けたりしたのですが、誰も応答してくれません。途方に暮れていると外出していた別の組の観光客数人が戻ってきたので、幸いにもホテルの中に入りチェックインする事が出来ました。日本では考えられない不親切なホテルです。

翌朝早い出発で「グリーン島&キュランダツアー」に参加し、午前中はグリーン島を中心とするグレートバリアリーフの珊瑚礁を鑑賞し、グラスボートに乗って船底から珊瑚礁や珍しい魚を眺める経験が出来ました。午後はケアンズ港に戻った後、スカイレールとキュランダ鉄道に乗ってキュランダ村まで往復し、キュランダ高原の見物

写真63　クイーンズランド湿潤熱帯雨林

です。ここはクイーンズランド湿潤熱帯雨林として世界遺産にも登録されている所です。キュランダツアーを終えて徒歩でホテルに戻る途中で祭りの行列を見る事が出来ました。この日は丁度ケアンズフェスティバルの日だったのです。旅行をしているとこういう幸運に恵まれる事もあるものです。

◇シドニー

翌日はシドニーに飛び、夜シドニー湾ナイトクルーズに参加しました。シドニーには１９９９年に一度来ており、オペラハウスを中心とした市内見物やブルーマウンテン国立公園等には行っているのですが、シドニー湾の夜景を鑑賞するのは初めてです。ディナー付きのクルーズでオペラハウスやハーバー・ブリッジの夜景を楽しむ事ができます。一人参加だったのでガイド嬢にカメラのシャッターを切ってもらったのですが、この時ガイド嬢から夜景を撮るならデジカメよりスマホの方が綺麗に撮れると教わりました、早速試しましたがその通りです。

翌日は午後の便でニュージーランドのクイーンズタウンに飛ぶ日ですが、午前中の時間を活用して、世界遺産に登録されているハイド・パーク・バラックス（囚人収容所遺跡）を見物し、シドニータワーにも上ってみました。タワー屋上からのシドニー湾の眺望は素晴らしいものがあります。シドニー湾は世界三大美港の一番目に挙げられている理由が分かります。因みにその他の美港にはリオデジャネイロ、ナポリ、サンフランシスコ、ケープタウン、香港等諸説があり、私はたまたまこの全てに行っていますが、二番目はリオデジャネイロ、三番目はサンフランシスコではないかと思っています。

ニュージーランド

シドニーを出て夕刻ニュージーランドのクイーンズタウンに到着しました。ニュージーランドは地球の箱庭と言われる自然豊かな国と聞いており、以前から一度訪問したいと思っていました。今回は南島のクイーンズタウンに4泊してミルフォードサウンドやマウントクックへ行く計画です。予約しておいたホテルはワカティブ湖に面していて部屋からの眺めも良く、街の中心部にも近くて大満足です。

翌日は7時前に予約しておいた観光バスにピックアップしてもらいミルフォードサウンド観光です。クイーンズタウンから300km程をバスで走り、観光船に乗り換えてフィヨルドクルーズです。フィヨルドは以前西ノルウェーでも見ていますが、ここは周りの滝を見る事も出来て一味違った景色です。帰り道のテナアウでビール、ワイン、ハンバーガー等を買い込みホテル自室での夕食にしました。

クイーンズタウン3日目はマウントクック観光です。昨日同様7時頃観光バスにピックアップされマウントクックに向かいます。少し曇っていましたが、昼食会場のハーミテージホテルに着く頃には見事な快晴で晴れ男の面目躍如といったところです。マウントクックは標高3754mで富士山と同じくらいの高さですが、現地は冬だった事もあり綺麗な雪景色を堪能する事が出来ました。エベレストの初登頂に成功したエドモンド・ヒラリーはニュージーランドの出身で、ハーミテージホテルの一角にはマウントクックを見上げるヒラリーの銅像が建っています。

4日目はクイーンズタウンの街でゆっくり過ごしました。ワカティプ湖畔を散歩して、早咲きの桜を眺めたり、背後の山に登ってバンジージャンプの様子を眺めたり

写真64　マウントクック

です。

クイーンズタウンは昔ゴールドラッシュの時にビクトリア女王が住むに相応しい街として名付けられたようですが、湖と山に囲まれた美しい街で世界旅行地のトップ20にランクされているようです。

街をブラブラしていたらOKショップという用品店がありました、大橋巨泉氏の経営で彼のイニシアルが店の名前になっているようです。この店でポッサムの毛のセーターを薦められました。ポッサムというのはオーストラリアとニュージーランドだけに生息する希少動物のフクロギツネで、日本の皇太子（当時）やアメリカのオバマ大統領がニュージーランドを訪問した際にもプレゼントされた高級品で少し高かったのですが買い求めました。以前ペルーに行った折にアルパカのセーターを買った事を思い出していました。

12日間の旅を終えて無事帰国しました。今回の旅は初めて訪れるニュージーランドにオーストラリアのエアーズロックとグレートバリアリーフを加えたために、適当なツアーが見つからず、個人旅行にしたのですが、狙い通り順調に回れ、大満足の旅になりました。天候に恵まれた事にも負うところが多かったと思います。近いうちにミクロネシア諸島も回ってみたいと思っています。

出張のついで旅

タイ

タイには仕事で行く機会が多くて、2000年から2010年にかけて20回以上出掛けており、私の場合は最頻度訪問国になります。〝灼熱の国〟、〝喧噪のバンコック〟、最近では〝世界有数の観光都市バンコック〟等いろいろな形容詞を付けて語られる国ですが、私には〝ほほえみの国〟という表現が一番ピッタリ来ます。穏やかな性格の人が多く、日本人にも親近感を持っているようです。特に女性はしっかりしていて勤勉です。ある時、仕事で知り合った女性に「タイの女性はしっかりしていますね」と話したら、「タイの男性は結婚すると、直ぐ何処かへ蒸発してしまうので、女性が家庭を支えなければいけないの」という返事が返って来ました。温暖な気候に恵まれており、食べて行くだけならあまり苦労しなくても良いので、男はつい気を緩めるのでしょうか。タイ出張は4～5日間の事が多いのですが、時々土日の週末を挟む時もあり、週末を利用してあちこち見て回りましたが、その中で印象に残ったアユタヤ、水上マーケット、カンチャナブリ、スコータイを紹介してみます。

◇アユタヤ

２００５年9月にアユタヤを訪れました。アユタヤはバンコックからバスで1時間半程の所にあり、日帰りツアーも出ていますが、私の場合は仕事の合間の短い時間を活用した駆け足遺跡巡りでした。アユタヤは14世紀の半ばからビルマ軍に滅ぼされる１７６７年までの約４００年間に亘ってインドシナ半島の中心都市として栄えた所です。ビルマ軍によってかなり破壊されたのですが、それでも未だ多くの塔堂が残っており、往時を偲ぶ事が出来ます。世界遺産にも登録されており、近くには山田長政が切り開いた日本人町も残っています。象に乗って観光を楽しんでいる人も多く、私も乗ってみたかったのですが、時間の関係で諦めました。

因みにタイはその長い歴史の中で他国に敗れたのはこのビルマ軍によるものだけで、東南アジアの国の中では、他国の植民地になった経験がない珍しい国とされています。首都バンコックの中心部には戦勝記念塔が建っていますが、これは20世紀の初めにフランス軍と戦って勝利した兵士を慰霊する塔で、タイ人の誇りになっているようです。

◇水上マーケット

２００７年には水上マーケットに行ってみました。バンコックから80㎞程の運河の町に出来たマーケットです。元々は地元の人の生活手段として使われていた幅10ｍ程の運河が、今はすっかり観光化し、観光客を乗せた数人乗りの小さなボートが所狭しと運河を行きかいます。運河の両側には野菜・果物等を売っている店、雑貨・土産物屋、レストラン・屋台等が並んでおり、観光客は長い竹竿の先に付けられた籠を使ってボートの上から買い物が出来るようになっています。価格は全て交渉によって決まるようで、売り手買い手の双方がこの交渉を楽しんでいる様子です。私も指を使って価格を交渉し、ココナツをひとつ注文して中のジュースをストローで吸いながら周りの雰囲気を楽しみました。

◇カンチャナブリ

2007年にはカンチャナブリを訪ねています。ここは映画『戦場にかける橋』の舞台になった所で、有名な『クワイ河マーチ』と共に一躍世界に知られるようになった所です。クワイ川に架かるクワイ川橋は第二次世界大戦末期

写真65　水上マーケット

に、日本軍がビルマ（現ミャンマー）に侵攻する為に多くの英国軍捕虜を使って木造の橋を建設したのですが、完成直後に連合軍によって爆破され、戦後に鉄橋として修復されたものです。映画では建設から爆破までの経緯が描かれていますが、多くの犠牲者を出しながら完成した橋が一瞬にして爆破されるシーンには言い知れぬ儚さを感じます。修復された鉄橋には線路が敷設されており、今でも観光用のディーゼル列車が走っています。私は歩いてこの鉄橋を往復しましたが、丁度列車が通る時間で、汽笛を鳴らされて慌てて橋の脇に避けるスリルを味わいました。慣れない所では細心の注意が必要です。鉄橋から見下ろせる民家の庭の大きな木に象が繋がれています。個人で象を飼っているのでしょうか、餌の費用が大変じゃないかと余計な事を考えていました。

カンチャナブリには連合軍共同墓地や連合軍捕虜収容所を再現した戦争博物館もあり訪れてみました。第二次世界大戦の後半には日本が米国を中心とする連合軍に散々痛めつけられたわけですが、前半は逆に日本が連合軍を痛めつけていたようで、その模様を残しています。

◇スコータイ

２０１１年11月にはスコータイを訪ねました。スコータイはバンコックから数百キロメートル離れており、飛行機で１時間程飛ぶ必要があります。朝一番の便でバンコックを出てスコータイ空港に着き、そこで観光タクシーをチャーターして広大な遺跡公園を数時間かけて案内してもらいました。タクシーのドライバーはタイ語しか話さず、こちらはタイ語が全く分からないために意思疎通には苦労しましたが、ガイドブックに載っている公園の地図を頼りに主要な遺跡は殆ど見て回りました。タイ語でワットというのはお寺を意味するのですが、〝ワット○○〟という名の遺跡が数多く残っており、どのワットも似たような格好をしていて記憶がごちゃごちゃになります。地図にメモ書きを残しながら見て回りました。遺跡公園は、水路による城壁に囲まれた城壁内ブロックとその外側の城壁外ブロックに分かれているのですが、城壁内ブロックの方がワットの数が多く、中央に位置するワット・マハタートや象の彫刻で囲まれたワット・シャンロン等が印象に残っています。

スコータイはアユタヤより古く、13世紀にタイ人による初めての統一王朝が置かれた地とさ

写真66　スコータイ

れていますが、アユタヤがビルマ軍によりかなり破壊されているのに対して、スコータイは比較的保存状態が良いようです。

アメリカ

タイに次いで出張回数が多いのがアメリカでした。１９７６年以来公私合わせて15回程訪れていますが、内９回は出張です。アメリカに行った時には訪問した州のスプーンを蒐集していますが、全50州の内、28州のスプーンを蒐集し、額に入れて自分の部屋に飾っています。印象深い所を書いてみます。

◇グランドキャニオン

１９７６年に初めて訪米した折に、たまたまラスベガスに行く機会があり、しかも土日を挟んでいたので、ラスベガスからセスナ機に乗って日帰りでグランドキャニオンを往復しました。グランドキャニオンが近づくとセスナ機がV字型の峡谷に沿って飛んでくれ、左右の窓から峡谷の壁がよく見えます。

約４０００万年前に始まったコロラド川の浸食により形成された峡谷の深さは１２００ｍに達するようですが、断面の壁の色が層をなして変わっており、地層が形成された年代が分かるようです。イヤホンで日本語の説明を聞く事も出来て素晴らしい経験になりました。

◇ヨセミテ

１９８０年の訪米の際にヨセミテに行く機会がありました。この時の苦い思い出は今でも脳裏に焼き付いています。

ヨセミテはサンフランシスコからバスで日帰り出来ます。朝早くホテルでピックアップしてもらい、ベイブリッジを過ぎた所のドライブインで簡単な朝食を摂った後一路ヨセミテに向かうのですが、出発後暫くしてから尿意をもよおしました。その内にドライブイン等に立ち寄ってくれるだろうと思っていましたが、立ち寄る気配はありません。アメリカ人の膀胱は大きいのだなと思いながら懸命に我慢していました。未だ40歳前と若かったために2時間近くは我慢できたと記憶していますが、その内に冷や汗が出て来て苦しくなってきましたので、バスを停めてもらって立ちションをしようと思い、運転手に交渉しようと立ち上がり、チラッと後ろを見るとトイレがあるではありませんか。

当時日本にも遠距離用の大型バスにはトイレがついていたかも知れませんが、私は乗った経験がなくバスにトイレがついているとは全く知りませんでした。バスの前の方の座席に座っていたので他の乗客がトイレに行くのも知らなかったのです。トイレが付いている事を知っていればこんなに苦しい思いをせずに済んだのにと悔やんだ次第です。

◇フォートローダデール

1982年11月にロサンゼルス→サンディエゴ→デンバー→ボストン→フロリダのフォートローダデール→アトランタ→ダラス→サンタバーバラと広いアメリカを19日間かけて飛び回る出張をした事があります。中でも広いアメリカを感じたのはボストンからフロリダのフォートローダデールに飛んだ時です。11月のボストンはすっかり冬でコートを着ていても寒い思いをしていたのですが、フォートローダデールの空港に着くと空港の中を歩いている若い男女はランニングシャツと短パンの真夏スタイルです。これにはすっかり驚きました。

もっとも日本でも秋の終わりに札幌から沖縄の那覇に飛ぶと同じような経験をするのかも知れません。ボストンとフォートローダデールの緯度差は19度くらいで札幌と那覇の緯度差と同じようなものですから。

フォートローダデールは入り江に豪華なヨットが浮かぶ別荘地で富裕なアメリカ人がリタイア後の生活を楽しんでいる様子でした。ここで食べたワニ（アリゲータ）料理が印象に残っています。

ドイツ

ドイツにも出張で3回行っています。3回共フランクフルトなのでフランクフルト近郊の訪問先を書いてみます。

最初の訪問は1980年の出張でした。当時は未だ西ドイツだったのですが、フランクフルトに2泊した際に、夕方同行の仲間数人でマイン川沿いを散歩しビアホールに入ったところ、数人連れのドイツ人と出会い、意気投合して盛り上がった事を思い出します。ドイツ人が歌を歌って歓迎してくれるので、こちらも何か歌いたいと思い、『野バラ』を日本語で歌いました。『野バラ』はシューベルトが作曲したドイツの歌なのでメロディーは分かってくれると思ったのです。大好評でした。

フランクフルトはメッセ都市と言われるように国際見本市が毎月のように開催されている商業都市ですが、見所も沢山あります。

先ず目に付くのは、緑に囲まれた大きな公園です。ゲーテ、ベートーヴェン、ハイネ、シラー等の像が建っていてドイツが誇る哲学、音楽、文学等の歴史を感じる事が出来ます。公園を抜けると旧オペラ座も見えてきます。ゲーテハウスではゲーテの足跡を辿る事も出来ます。

また、フランクフルトは付近の観光地への起点となっており、ライン川観光、ハイデルベルク、ケルン、アーヘン等にも日帰りで行く事が出来ます。

◇ライン川

2006年に出張でフランクフルトを訪れた際に、仕事が終わった翌日の休日に出張先の方の好意でライン川沿いのドライブを楽しむ事が出来ました。ライン川を楽しむ方法には、船のクルーズやライン川に沿って走る鉄道の旅もありますが、自由度の点ではドライブが一番です。川の両岸に建つ古城を眺めたり、途中のリューデスハイムの街をぶらついたり、リフトに乗って斜面に広がるぶどう畑を眺めたり、ワイン工場でラインガウ産のワインを試飲したりしながらフランクフルトとコブレンツの間を往復しました。途中でローレライの岩も見かけましたが、道路脇に"Loreley"と小さく表示されているだけで、何処にでもあるような崖です。日本人には歌でお馴染みの所ですが、観光地としての価値は低いようです。ワイン工場ではあれこれ試飲した後、リースリングワインを半ダース購入し、やや重かったのですが手荷物で持ち帰りました。ラインガウは北緯50度にあり、本来ならぶどう栽培の北限を超えた地ですが、ライン川の水面からの反射光が短い日照時間を補っているようです。

◇ハイデルベルク

若い頃に『アルト・ハイデルベルク』という小説を読んで以来、ハイデルベルクには憧れていました。フランクフルトからの半日ツアーがフランクフルト中央駅近くから出ている事を知り参加しました。ネッカー川に面した美しい街で、ハイデルベルク城やハイデルベルク大学があります。ハイデルベルク城からネッカー川越しに〝哲学者の道〟を望む事が出来ます。ゲーテを始め多くの哲学者や詩人が思索に耽った道です。時間がなかったのでその道を歩く事は出来なかったのですが、暫し遠くから眺めていました。憧れのハイデルベルクに来たという感慨に耽りながら聖霊教会と市庁舎に囲まれたマルクト広場でビールで一人乾杯した事も思い出です。

〝哲学者の道〟といえば京都にも〝哲学の道〟があり、西田幾多郎を始めとする京都大学の哲学者が好んで歩いたようです。私も学生時代に憧れてこの道沿いに下宿していました。当時は静かな散歩道で犬を連れて散歩する人ぐらいしか見かけなかったのですが、最近は南禅寺と銀閣寺を結ぶ観光ルートになっており、道沿いにカフェや土産物屋が並び観光客で賑わっています。

◇アーヘンとケルンの大聖堂

出張の合間にアーヘンとケルンの大聖堂を訪れた事もあります。両方共8〜9世紀に建てられたドイツを代表する聖堂で世界遺産に登録されています。

アーヘン大聖堂は規模は小さいのですが、カロリング・ルネッサンスの象徴ともいえる建造物で、1978年の第1回目の世界遺産選考で、ガラパゴス諸島やイエローストーンと共に世界遺産に登録されています。

ケルン大聖堂は、火災により一度焼失しているのですが、1248年から632年もの歳月をかけて再建され古都ケルンにひときわ高く聳え立っています。ここは1996年に世界遺産に登録されたのですが、周辺の高層建築計画が景観破壊につながるとの事で２００４年にユネスコから危機遺産に指定されてしまったのを、市当局が高さ制限規制等の懸命の措置をとり２００６年に危機遺産から解除されるという経緯を辿っています。塔の高さが１５７ｍもある割には前の広場が狭く、塔全体をカメラに収める事が出来なかったので、近くの土産物屋で絵葉書を買い、「この写真は何処で撮れるのか」と質問したところ、「塔の裏側にライン川が流れており、その橋の上から撮れる」と教えてもらいました。早速裏側に回り大聖堂全景をカメラに収める事が出来た次第です。観光地で良いアングルの撮影場所が分からない時に、時々こういう方法をとります。

写真67　ケルン大聖堂

シンガポール

シンガポールには出張で2回行っています。西洋と東洋が融合した魅惑の国と言われ、イギリスの植民地だった事もあり東南アジアにありながら西洋風の雰囲気が漂う国です。

2000年の出張時には金曜日が空いていたのでオーチャード・ロードを歩いたり、マーライオン・パークを散歩したり、遊覧船に乗ってボート・キーの夕暮れを眺めたり、クラーク・キーでロブスター料理に舌鼓を打ったりとシンガポールの素晴らしさを満喫しました。

翌土曜日にもマーライオン・パークを散歩したのですが、この日は前日の美しさと打って変わって公園の中に弁当ガラ等のゴミが散乱しています。後で知ったのですが、土日の

写真68　マーライオン

休日には警官が見張りに立たないので、ゴミを捨てても咎める人がいないという事のようです。シンガポールの住民も大半が中国人ですから、中国の街でよく見られる道路にゴミを捨てる習慣があるのです。シンガポール政府が国際都市の面目にかけて、監視や罰則で規制しているのですが限界があるのでしょう。孔子の教えは何処に行ったのでしょうか。

なお、マーライオンは2002年に設置場所が移転されていますので、私は移転前のマーライオンを見た事になります。

この日はマレーシアにも渡ってみたいと思い、タクシーとバスを乗り継いでジョホール水道に架かる橋コーズウェイを渡りました。この橋には橋に沿って3本の配水管が設置されています。2本はシンガポールがマレーシアから原水の供給を受けるため、1本はシンガポールからマレーシアに上水を返送するためのものです。山がなく水資源に乏しいシンガポールの弱みを表しています。帰りは徒歩で橋を渡ってシンガポールに戻りました。10分程の距離だったと思います。

家族や親戚を訪ねて

総合商社に勤務している息子が米国に転勤になり、2010年夏に一家でカンザス州のオーバーランドパークに転居して、可愛いさかりの孫とも会えず寂しい思いをしていましたので、2011年夏に家内と一緒に米国に行こうという事になりました。主目的は二人の孫娘に会う事でしたが、折角の機会だから観光もしたいと思い、イエローストーン国立公園を候補に挙げたところ、息子夫婦も大変乗り気で、一緒に回ろうという事になりました。息子夫婦と一緒だと車を運転してもらえるので好都合です。

メールで何回かやり取りして、詳細な旅行計画が決まりました。とは言っても詳細な日程計画やホテルとレンタカーの予約等殆どの事は息子夫婦がやってくれたので、我々老夫婦はスーツケースに土産を詰めて飛行機で飛んでゆくだけです。ロサンゼルス空港付近で一泊した翌日にデンバーへ飛び、デンバー空港で1年振りに7歳と5歳の孫娘2人の元気な顔を見、思わず抱き上げていました。1年の間で随分重くなっています。

◇**グランドティトン国立公園**

最初の訪問地はグランドティトン国立公園です。ここはイエローストーンの入り口に位置し、最寄りのジャクソンホール空港へはデンバーから1時間強飛ぶ必要があります。映画『シェーン』のロケ地にもなったと聞き、日本を出る前にレンタルビデオで『シェーン』を観てきたのですが、雪を抱いたティトン山脈を背景にジャクソン湖が広がるパノラマは映画で見る通り素晴らしい光景です。オーストリアのハルシュタットやスイスのマッターホルン等と並んで、世界の絶景がまたひとつ私のアルバムに加わりました。

孫娘と手をつないでジャクソン湖畔を散歩したり、エルクという鹿を目の前に見たり、遠くにいる狼を双眼鏡で眺めたりと、楽しい一日を過ごしました。

◇**イエローストーン国立公園**

翌日はいよいよイエローストーン見物です。ここは世界初の国立公園として有名で、1978年には世界初の世界遺産の一つとしても登録されています。公園全体は南北約102km、東西約87kmという広大さで、ワイオミング、モンタナ、アイダホの3州にまたがっています。

公園への入り口は東西南北に合計5カ所ありますが、私たちは南口ゲートから入場しました。ゲート入り口で記念写真を撮った後、2泊3日かけて園内をドライブします。テラスマウンテン、ミッドウェイ・ガイザー・ベイスン、アッパー・ロウアー滝等、見所は沢山ありますが、ハイライトは何といってもオールド・フェイスフルという間欠泉です。名前の通り噴出間隔が忠実で、60～90分毎に熱水が数十メートルの高さで噴出します。私たちは運よく直ぐ近くにあるオールド・フェイスフル・インというホテルを予約出来たのですが、ホテルのロビーには〝次の噴出時刻は○時△分頃〟という予告表示が出ていて、その時間が近付くと大勢の見物客が間欠泉近くの観覧席に集まって来ます。それにしても何万年もの間、この忠実な間隔で噴出を続けている地球のエネルギーには驚くばかりです。地球の鼓動です。

イエローストーンではこの他にも、イエローストーン湖でボート遊びをしたり、ガイザーヒルの木道を散歩したり、アメリカバイソンの群

写真69　イエローストーン

れに出会ったりと、実に楽しい時間を過ごしました。

◇**オーバーランドパーク**

2泊3日の旅行を終えて、夜遅くオーバーランドパークの息子一家宅に到着しました。芝生が広がる庭に囲まれた2階建ての借家で、ダイニングキッチン＋リビング＋2階に寝室三つという間取りです。家賃は17万円／月との事でした。

ここで7泊滞在しました。滞在中、家内は息子の嫁さんや孫娘達とちょこちょこ買い物等に出掛けていましたが、私は庭の芝刈りに精を出し、滞在中に広い庭をひと通り整備しました。夏の暑い盛りの外仕事は結構大変でしたが、シャワーを浴びた後、孫娘の顔を見ながら飲むビールやワインの味は格別です。命の洗濯になったと喜んで息子宅を後にし、次の目的地ニューヨークへ向かいました。

◇**ニューヨークの従妹夫妻を訪ねて**

ニューヨークには従妹夫婦が住んでいます。もうかれこれ30年以上住んでおり、子供たちも米国人と結婚してボストンやフィラデルフィアで一家を構えているので、今更日本に帰る気はないようです。従妹夫婦の家はニューヨーク郊外のチャパカというハーレムラインの駅から車で10分程の所にあるのですが、３０００坪程の広大な敷地に建つ４ベッドルームの2階建て豪邸です。オーバーランドパークの息子の家もなかなかだと思ったのですが、この従妹の家はちょっとスケールが違います。まさにアメリカンドリームを具現しているようです。場所も高級住宅地で、近くにはクリントン元大統領も住んでいて、星条旗が翻っている豪邸前には警備の警官が立っていました。

この従妹邸には3年前にも来ており、その時は日本から訪問していたピアニストのKさんによるホームコンサートを楽しむ事が出来たのですが、今回は到着した日が丁度バーベキューパーティーの日で、近くに住んでいる日本人を中心に30人程の来客があり賑やかでした。この辺に住んでいる日本人は惣菜を各々一品ずつ持ち寄って、この種のパーティーを楽しんでいるようです。ノーベル賞を受賞した江崎玲於奈氏の奥さんも見えていました。前回の訪問時には、ここを拠点にしてヤンキー・スタジアムでニューヨーク・ヤンキースの松井秀喜選手の活躍ぶりを見たり、ナイアガラ瀑布に行ったり、メトロポリタン美術館を見たりと歩き回ったのですが、今回はマンハッタンの五番街やセントラルパークを散歩した程度で、あまり欲張った日程にはしませんでした。

今回の旅はグランドティトン国立公園↓イエローストーン国立公園↓息子一家が住んでいるカンザス州のオーバーランドパーク↓従妹夫婦が住んでいるニューヨークを巡る16日間の長きに亘りましたが、気の置けない家族的な雰囲気の中で実に充実した時間が過ごせた事に感謝しています。

◇ニューヨークを再訪

ニューヨークには2015年にも4回目の訪問をしています。カンザスに駐在していた息子が2013年4月にニューヨークに転勤になり一家でニューヨーク郊外のコネティカット州南端のグリニッジに引っ越したのです。家内は娘と共にその年の8月に早速グリニッジを訪れたのですが、私は仕事の関係で同行できず、2年後の2015年7月にやっとグリニッジ行きが実現しました。

家内と共にJFK空港に着くと、息子の嫁と孫娘2人が車で迎えに来てくれ、グリニッジの家に到着しました。緑に囲まれた素晴らしい住宅街です。孫娘に同行して近くの図書館にも行きましたが、5年前アメリカに引っ越した時は幼稚園の年少だった下の孫娘が、今は小学校4年になっており、図書館の英語の本をスラスラ読んでいるのに感心しました。アメリカの学校で授業を受けているので当たり前ではありますが。

この時には息子一家と共にニュージャージー州に住んでいる従妹の息子宅も訪れました。ニューヨーク近郊の病院に医師として勤務しており、子供3人を含めて5人家族です。広い芝生の庭でバーベキューをやってくれました。

◇**メキシコ**

グリニッジに5日程滞在した帰路、家内とメキシコを訪問しました。お目当てはティオティワカンです。月のピラミッドに登って死者の道を眺めた後、248段あるという階段を使って太陽のピラミッド頂上まで登り周りの風景を楽しみました。

メキシコシティには2泊しかしなかったのですが、ティオティワカンの他にメトロポリタン・カテドラル、メキシコ国立自治大学の立体壁画、ルイス・バガラン邸等の世界遺産を見物する事が出来、満足して帰国しました。

写真70　ティオティワカン

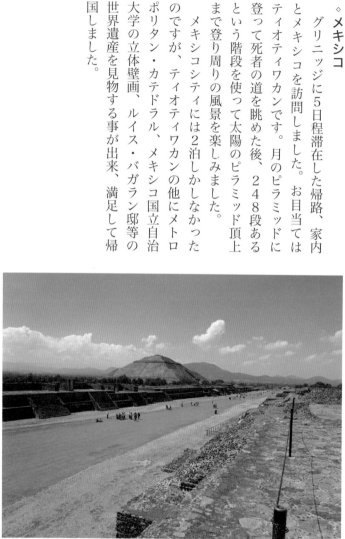

未だ見ぬ国々

２０２２年10月現在で世界百カ国を超えて１０５カ国を訪れていますが、世界には約２００の国・地域があり、未だ半分強しか訪問していない事になります。特にアフリカと中東には訪れたい所が沢山残っています。80歳を過ぎましたので、海外旅行をいつまで続けられるか分かりませんが、体力の続く限り挑戦したいと思っています。新型コロナの収束が待ち遠しいところです。

ケニアとタンザニア

エベレスト・トレッキングの事は前に書きましたが、その時以来次の登山はキリマンジェロと考えていました。高度６０００m近い山なので、高齢の身にはリスクが大きすぎると躊躇している間に80歳を超えてしまいました。キリマンジェロはケニアとタンザニアの国境付近にありますので、この両国を訪ねて、麓をトレッキングしキリマンジェロを眺めてみたいと思っています。

イランとサウジアラビア

イラン、イラク、シリア等の中東諸国は政情不安が続いており、外務省からは時々渡航制限が出ますので、未だ訪問できていませんがイランとサウジアラビアには興味があります。

特にイランは紀元前のペルシャ帝国時代の遺跡が数多く残っている魅力的な国です。政情が安定するのが待ち遠しいところです。

イスラム教の聖地があるサウジアラビアにも魅力を感じます。サウジアラビアは従来は観光ビザを発給していなかったのですが、２０１９年９月から日本人を含む外国人にビザの発給を開始しています。

ただ、イスラム教の聖都であるメッカとメディナにはイスラム教徒以外の入場を禁じているようです。また、イランとサウジアラビアはここ数年間のイエメン内戦を巡って対立関係にあるので難しいかも知れません。

南太平洋の国々

南太平洋のポリネシア、メラネシア、ミクロネシア等に位置する国々（ソロモン諸島、フィジー、サモア、トンガ等）も訪れたいと思っています。水資源の確保に苦労していたり、地球温暖化の影響を受け国土が水没するリスクを抱えていたり、観光資源以外の財源がない等、数々の困難と向き合っている国々ですが、海を中心とした自然の素晴らしさは魅力的です。環境関係の仕事をしている立場からも関心があります。旅行社が企画するツアーを狙っています。

アイルランド

ヨーロッパの殆どの国は訪問していますが、アイルランドとキプロス共和国が未訪になっており、アイルランドには是非行ってみたいと思っています。首都ダブリンとジャイアンツ・コーズウェイが見所ですが、未だ行った事のないイギリス北部のスコットランドや湖水地方にも足を延ばせたらと思っています。

韓国

一番近い外国で、羽田からソウルまでは2・5時間程で行けるのですが、未だ行っていないのです。あまり魅力のある訪問先がない上に反日感情が強く、特に近年は日韓関係が悪化している事もあり訪問のチャンスを逸しているのですが、一度は訪問しても良いかなと考えています。世界遺産も10カ所程あるようなので、それらが中心になると思っています。

あとがき

世界のあちこちを廻って素晴らしい自然や貴重な文化遺産を見てきましたが、同時に日本の良さにも改めて気付かされています。住む所はやはり日本が一番だと思います。

◆安全で清潔

最近は日本でも物騒な事件が時々報じられており、絶対安全とは言えませんが、相対的には安全な国です。夜間一人で歩ける国はそうありません。

また、清潔さでは日本が一番だと思います。海外では、街を歩くと道路にゴミが散らかっている所が多いのですが、日本は何処を歩いても綺麗に掃除されており、ゴミを散らかす人は殆どいないと思います。

◆トイレと風呂

日本人の清潔好きはウォッシュレットの普及率にも表れています。海外に行くと欧米の先進国でもウォッシュレットにはなっていません。中国の富裕層が日本に来てウォッシュレットを買って帰るのは有名な話です。

風呂もやはり日本の湯舟が一番だと思います。海外はシャワーだけの所も多く、特に寒い季節は湯舟に浸かって温まりたいと思うことが多いのです。豊富な水に恵まれているお蔭だと思います。

◆四季の移ろい

北半球の温帯地帯に位置し、海や山に囲まれているために四季の移ろいに恵まれており、春夏秋冬それぞれの自然を楽しむことが出来ます。最近は地球温暖化が進み、日本も亜熱帯化しつつあるのが気になりますが。

◆食べ物も日本食が一番

海外から帰って来て、最初に食べたいのは、私の場合魚類、特に刺身や焼魚です。海外でも魚は食べられますが、フライになっていたり、濃い味付けになっていたりで、魚本来の味が楽しめないのです。それと中華そば、餃子、カレーといった、元々海外由来の食べ物も日本人が調理したものが一番だと思います。

海外旅行を楽しむ過程で、国内外の多くの人に出会いいろいろお世話になりました。〝旅は道連れ世は情け〟という言葉がありますが、その通りだと思います。

また、この本の出版に当たり東京図書出版の皆さんには丁寧に校正をして頂きました。

最後に、この旅行を達成できたのは、私の自由な行動を容認してくれた家内の勝子のお蔭だと思っています。

深尾　忠一郎（ふかお　ちゅういちろう）

1939年満州生まれ。京都大学電子工学科を卒業後、三菱電機でコンピュータの設計開発や製造管理に従事。定年退職後、日本環境認証機構でISO審査に従事する傍ら、趣味の国内外旅行を続け現在に至る。

70歳からの世界百カ国旅行

2023年４月12日　初版第１刷発行

著　　者　深尾忠一郎
発 行 者　中 田 典 昭
発 行 所　東京図書出版
発行発売　株式会社 リフレ出版
〒112-0001　東京都文京区白山 5-4-1-2F
電話（03）6772-7906　FAX 0120-41-8080
印　　刷　株式会社 ブレイン

ISBN978-4-86641-610-6 C0095
Printed in Japan 2023